JN103610

発達障害・愛着障害・小児期逆境体験（ACE）のある親子支援ガイド

NPO法人えじそんくらぶ代表
高山恵子

合同出版

親子を支援するみなさまに

わたしは、約25年間ＡＤＨＤを中心とした発達障害のある子どもとその家族、支援者を支援してきました。そこで出会うのは、発達障害だけでなく、愛着の問題やトラウマを抱え、虐待の連鎖で苦しむ家族です。

「わが子をほめられなくて苦しい。自分が親にほめられたことがなかったから、ほめかたがわからない。気がつくとどなってしまい、自己嫌悪になっているとき、支援者に『もっと子どもをほめてください』と言われるのが、いちばんつらい」と言う方に何人も出会ってきました。こうした保護者の話を聞くたびに、日本の謙遜の文化の中では、わが子をほめるのはとてもむずかしいことで、支援者のよかれと思って発したアドバイスが親を追い詰めることになりうると痛感しました。そして「まず親のストレスを減らす支援が重要」という結論に達しました。

障害のあるなしに関わらず、「子どもの気になる行動をどうとらえるか」「親子関係をどうサポートするか」といった課題に応えることが「親のストレスを軽減する」ことになり、これはすべての親子に活かせる内容であると実感しています。親のストレスが軽くなり、子どもに優しい言葉をかけられるようになると、保護者自身の気持ちも楽になります。

親子を支える保育園、幼稚園、学校、放課後等デイサービスの先生などからの「保護者と信頼関係を築くことがむずかしい」という声が、絶えることはありません。悩ましいのは「保護者も支援者も、みんながんばっている。でもうまくいかない」という現実があることです。

ある支援者から、こんなお手紙もいただきました。「どうやってもクラスがまとまらず、また保護者との関係もうまくいかず、長年勤めた保育園をやめようかと考えていました。でもこの本と出会い、『親子のセルフエスティーム』について知り、保護者支援の手がかりが見つかり、未来がぱっと開け、またがんばろうと思いました」。

ちょっと言葉かけを変えると、保護者や子どもとの関係が改善することがあります。そして、支援者のアドバイスによってよい変化があると、保護者との関係もよくなっていきます。子育ての情報が氾濫するいま、保護者が求めているのは、一般論ではなく「わが子のためのオーダーメイドの子育て法」でしょう。そのためには、療育、保育・教育のプロであり、多くの子どもたちを支援する中で培われた支援者の「親子の特性や行動観察を基本として、親子の相性の分析や子どもにもっとも影響を与える親のメンタルヘルスへの支援」が重要なのです。今回、虐待の予防という視点を加味し、内容を全体的にアップデートしました。

時代とともに支援者の悩みも変化していきます。不十分な点もあるかと思いますが、これからもご感想・ご意見をいただき、みなさまといっしょにこの本を進化させ、ひとりでも多くの親子の苦しみが、みなさまの支援で緩和されていくことを、心から願っています。

２０２４年1月　高山恵子

もくじ

Part 5 虐待に追い込まれやすい保護者のタイプ別サポート法

Part 1

親子をサポートするために大切なこと

子どもが小さいときほど親の影響が強くなります。そして家族は、基本的に将来にわたって子どもの安全基地であり、支援者なので、小さいときに土台となる信頼関係を作ることが大切です。

なぜ、保護者に対する支援が必要なのか？

わたしは子育てや保育・教育の目標は、「**子どもの特性を理解し、その子が幸せで豊かな人生を送れるように支援すること**」ではないかと思っています。そして、子どもの「特性」は、2つに分けられると考えています。

第1の特性：生まれついてのもの
第2の特性：**育っていく過程で形成されるもの**

注目したいのは、子どもたちの、その後の人生の豊かさに影響してくる「第2の特性」です。「第2の特性」は、とりわけ乳幼児期から10歳頃までの環境が大きな関わり合いを持っています。

この時期に、子どもにいちばん大きな影響を与えるのは、「保護者」であることは自明です。ですから、この「**第2の特性**」**の子どもの育ちの時期に、保護者を支援すること・親子関係を支援することが**、とても重要な課題になります。

支援者に求められる役割 ―― 学童期前

学校入学以前、園や子育て支援センターだからこそできる家族支援には、どんなことがあるでしょうか。

まず、「親子に会って、ようすを把握」することです。親子と直接コンタクトをとる位置にいるからこそできることです。顔を合わせ、会話をする中でかいま見られる微妙な心の動きを察知することが、支援につながっていきます。**日常的に接することで親と支援者の間に親近感が生まれ、医師やカウンセラーなどの専門家には話しづらいことも、「いつもの会話の延長でちょっと話してみようかな」と思える**機会があると思います。

そうした機会には、日々の関わりで養われる「子どもを見る目」で、個々の子どもの「いま」の状況を、ていねいに保護者に伝えましょう。乳幼児期の発達理論や発達障害の理解に裏付けられた「その子の発達に合わせたこまやかな対応」を示すことができたら最高です。

また支援者には、子どもたちの集団活動の中でのようすを観察したり、日々の関わりができたりするということも大きいでしょう。家庭では問題を感じないのに、集団活動を経験して初めて、落ち着きのなさや人との関わりのむずかしさが浮き彫りになってくることがあります。

同年代の集団で子どもたちが感じているむずかしさは、**1対1で行う健診の機会や家庭ではなか**

なかわかりません。また、大人や異年齢の子どもとの関係ではさほど問題がないのに、同年齢の子どもの集団に入ると、特徴が目立ってしまうこともあります。

子どもと関わる時間が多く、支援者との連絡が密な母親は、比較的早くそのことに気づき、悩みます。しかし、子どもの行動を部分的にしか見ていない他の家族には子どもたちの抱えている課題がわからず、母親と悩みが共有できないというケースがあります。

子どもの状態を把握し、母親の悩みを理解したうえで寄り添えるのは、園や学校・子育て支援センターですし、その役割があると思います。さらに、父親や祖父母との関係なども話題になれば、母親に子育てストレスとは別の悩みがあることが見えてくることもあるでしょう。

いま、子育てに関する情報が得られやすい一方で、正確でなかったり偏ったりしている情報が氾濫しています。保護者が求めているのは一般論ではなく、「わが子」への対応や、「わが家」での悩みの解決法です。いろいろなストレスがあっても「孤立感」を持たないだけで、救いになります。**子どもを見ながら個別で相談にのってくれる話しやすい支援者の存在は、とても大きい**のです。

保護者を支援するときの6つのキーワード

保護者支援をテーマにした研修で参加者から聞かれる意見や、わたし自身が保護者のカウンセリングを通して学んだことをもとに、いくつかキーワードを挙げてみました。支援者が行う「親子支援」を考える際のポイントになると思います。

1 支援者自身の状態を確認する

あなた自身がストレスを抱えているとき、「どうも保育や指導がうまくいかない、から回りして落ち込んでしまう……」ということはありませんか？　自分の心身の状態があまりよくないとき、マイナス思考になってしまったり、思うように行動できなかったりするのは、支援者も保護者も同じ。**自分のメンタルヘルスが良好でなければ、人を支援するのはとてもむずかしい**ことです。まずは、支援者自身にストレスがたまっていないかを確認することが、「保護者支援」の

一歩を踏み出す大前提です。

また、**一生懸命やっているのにうまくいかないときは、やりかたを変えてみる**という柔軟性も必要です。子ども・保護者・社会の姿は日々変わり、多様化しています。**以前やってうまくいったことが、いま、うまくいくとは限らないのは自然なこと**なのです。

なかには、自分自身が心の痛む体験をしたときに素敵な支援者に出会って支援者になりたいと思った人もいるでしょう。そのトラウマが仕事中に出てきて体調を崩してしまうこともあるので、セルフケアは大切です。

2 信頼関係を築く

自分が悩んでいるとき、どんな人に相談したいと思いますか？「この人だったら自分の悩みを話してみたい」と思うとき、そこには、相手がわかってくれるという安心感や信頼感があるのではないでしょうか。逆に、「どうも話しづらい」と感じるときは、相手からの批判や否定、過度な励ましなどを避けたい気持ちがあると思います。保護者の場合、とくに「子どものだめなところを言われるのではないか」という不安が大きいでしょう。

大切なのは、「この人だったら、どんな話でも聞いてくれる。時には話さなくても察してくれる」と思ってもらえるような関係。**保護者から「自然に話したい」と思えるような関係を、時間をかけて築く**ことです。

3 傾聴する

「ただ人に話を聞いてもらえただけで安心できた」という経験は、多くの人がしているのではないでしょうか。しかし、わたしたちは悩みを相談されるとつい、「こうしたらいいのよ」「それはこういう意味よ」などとアドバイスしたくなってしまいます。

悩みを相談する人が、感情をうまく整理できていないときは、他人の意見を受け入れられる段階ではありません。そういうときは、その消化できない気持ちや悲しみを吐き出すことが先です。そのような状態のときには、**結論を出すことが課題ではなく、相手の話にじっと耳を傾けることが求められます**。これがカウンセリングの手法のひとつ、「傾聴」（ひたすら相手の話を聴くこと）です。

相談者も話しているうちに悩みの原因がどこにあるのかを気づくことがあります。子どもの生まれつきの特性の問題なのか、親子関係から生じる問題なのか、それとも保護者自身の問題なのか……。できれば保護者が、話しているうちに自分で問題に気づけるようになるのが理想です。

4 共感する

まず確認しておきたいのは、「立場が違えば、同じ思い・視点を共有するのはむずかしい」ということです。ただ、その違いを最初から強調しすぎると、保護者の心は離れていきます。そこには**立場の違いを理解したうえでの「共感」が大切**です。共感を示すというのは**評価をすることではなく、その人の話を受け止めて寄り添う**ということです。

保護者が「子どもの○○が気になるんです」と言ったとき、安心させようと思って「お母さん大丈夫、考えすぎよ」と答えてしまったら、それは共感にもなぐさめにもならず、保護者には「わかってもらえなかった」という気持ちが残る場合があります。

「それはよくあることよ」「だれだってそうよ、気にしすぎないで」という言いかたは一見励ましのように聞こえますが「あなたの受け止めかたに問題があるかも」ととらえられ、相談者にさびしさや悲しみを感じさせてしまいます。

「**そうですか、○○が気になるんですね**」「**○○が問題だと**

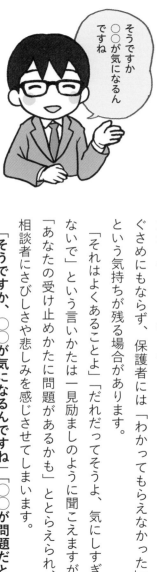

思うのですね」と保護者の言葉を「そのまま」繰り返すことで、評価することなく、相手の気持ちに共感を示し、相談者の気持ちに寄り添うことができるのです。自分の気持ちを受け止めてもらえた、と相手が感じることから、いっしょに課題の解決に向かっていく関係づくりが始まります。もちろん言葉に出さず、評価しないで傾聴してうなずくだけでも共感になります。

5　相手の価値観を尊重する

支援者が子どもをケアするために保護者と連携したい、自分の思いや考えを伝えたいと思うとき、両者の間にズレが生じることがあります。それが支援者にとって、保護者対応の際の大きな悩みになることが多いと思います。

たとえば、子どもの気になるようすをどうとらえるかは千差万別で、保護者の成育歴・価値観・経験・いま置かれている状況などによって違ってきます。そういった、個人のアイデンティティの根本になっている部分を強く否定されると、どんな気持ちになるでしょう。傷つき、相手に対して不信感がわきます。何か保護者に伝えたいと思ったときは、**初めから相手の価値観を否定しない、「これはこうです」といった断言や、自分の価値観を押しつけない姿勢を、つねに忘れない**

ことが大切です。

　また、支援者が抱いている「母親・家族観」「障害観」などの**固定観念が無意識に作用して、保護者にプレッシャーを与えてしまうこと**もあります。そういった視点で、ときどき自分の言動を客観的に振り返ってみることが必要です。

6　職場内で連携する

　対応のむずかしいケースで、支援者が「ひとりでがんばりすぎる」という状況にならないよう、**問題はつねに園や学校のスタッフ全員で共有し、連携する**ことが大切です。支援担当者がひとりで抱え込んで、「燃え尽き症候群」になってしまう例も少なくありませんが、これは望ましくないことです。また、**見かたが偏らないためにも、複数の目で問題をとらえ、客観性を持つ**ことも大事です。ただし、個人情報保護・守秘義務には十分注意しましょう。

■いま、気になることはなんですか？

　左は保護者がいま、子育てで気になっていることを理解するためのチェック表です。支援者が保護者から聞き取って記録します。

いま、気になることはなんですか？

■子どものことや自分のことなど、子育てで気になっていることを教えてください。

●子どもに関すること

気質面

- □ 反抗的
- □ 人見知りが激しい
- □ じっとしていない
- □ 公共の場で激しくかんしゃくなどを起こす
- □ ぼーっとして、行動が遅い
- □ 人の話を聞いていない

あそび面

- □ いつも同じあそびをしている
- □ 集団であそべない
- □ ルール（順番など）が守れない
- □ 大人がいないとあそべない
- □ 友だちとトラブルが多い
- □ 物の貸し借りができない

コミュニケーション面

- □ 視線が合わない
- □ 言葉が出ない、遅い
- □ 一方的に話すなど、会話がかみ合わない
- □ 表情が変わらない

生活面

- □ ひどい偏食がある
- □ トイレ・着替えなどの身辺自立がむずかしい
- □ 生活リズムが乱れている
- □ 寝すぎたり、まったく寝なかったりする

健康・運動面

- □ アレルギー体質
- □ 体が弱い
- □ 運動が苦手、嫌い
- □ 動きが不器用

●自分に関すること

子どもとの関係

- □ 自分の子育てに不安がある
- □ イライラして子どもをどなることが多い
- □ 関わりかたがわからない
- □ 自分は子育てに向いていないと感じる

心身面

- □ 心身の健康について不安なことがある
- □ 自分の時間がとれない
- □ ママ友との付き合いが苦手
- □ 家庭内での悩みがある

項目は、子どもが園や学校などの集団に入ったときに気になることや、保護者自身のことなど、乳幼児健診では意外と見落としがちな項目を意識的に挙げています。親子の状況や園や学校でのようすなどによって、ほかに必要な項目があれば付け加えてください。

保護者から悩みを相談されたときや面談時に、この表に記録してください。このような項目を確認することによって、保護者の悩みを知り、その原因を考えたり、園や学校で対応策を話し合ったり、どのような支援ができるかを検討したりする際の手がかりになります。保護者の悩みを共有し、対策を考えるデータになると同時に、保護者自身が自分の悩みを整理するきっかけにもなります。

ただ、このようなチェックをすることが、かえって保護者にとってプレッシャーになることもあります。また、尋問形式でマニュアル的に行うと、子どもをラベリングされたように感じるなど、気分を害する人もいます。この表はあくまでも「保護者が悩みを話すきっかけ作り」のひとつであり、評価するためのものではありません。あまり気が進まないようすが見られるときは使用を控えるなど、保護者の状態を見ながら使用してください。

印刷した用紙を渡さずに、表にある質問を少しずつ、気になるところから口頭で聞くのもよいでしょう。

Part 2

親子関係をサポートする

最近は仕事をしながら子育てをする人が増え、祖父母が親にかわって孫育てをすることも多くなりました。世代間の考えかたのギャップが親のストレスになることもあるので、ギャップをうめるよき通訳者としてのサポートも重要です。一方で、核家族やシングルペアレントの家庭もあり、家族のありかたも多様化しています。親の価値感も多様であることを前提にサポートしましょう。

「困った子」ではなく、「困っている子」

子どもが「やってほしくない言動を繰り返す」「思ったとおりにならない」とき、保護者は「困った子」「育てにくい子」と感じてしまいます。それは、保護者が「どう対応したらよいのか」わからないからだとも言えます。

では、「困った子」自身の気持ちはどうでしょう。大人が「困ってしまう」言動は、子どもが「わざと」やっていると感じるかもしれませんが、幼児期にそれは少なく、「わからない」でやっていたり、「うっかり」やっていたりすることがよくあるのです。あまり意識せずにやった行動に対して大人が予期せぬ反応をするので、子どもは叱られる理由がわからず、「困って」しまうのです。

このように考えると、大人の言う「困った子」は、子どもから見ると「困っている子」なのです。保護者が「わが子が育てにくい」と感じたとき、子どもをよく観察し、「なぜ、こういう言動を示すのか」、**子どもの視点で考えてもらったり、似ている子の思いを紹介したりすると、保護者の対応が変わるかもしれません。**

支援者には、「子どもを見るポイント」を保護者に伝え、そこからわかる必要な対応について、いっしょに考えていく役割が期待されています。適切な対応ができたら、子どもは変わってきます。そして、子どもが変わることで「育てにくさ」が軽減していくでしょう。

マズローの欲求の階層

子どもを観察するうえで、まず大切なのは、子どもの「ありのまま」をとらえることです。その際に手がかりになるのが、下の図の「マズローの欲求の階層」です。

アメリカの心理学者アブラハム・ハロルド・マズロー（1908〜1970年）は、人間性心理学の生みの親とされていますが、「人間には5つの欲求があり、下から順に満たされることが必要だ」と提唱しました。

なかでも乳幼児期に重要なのが①〜④の欲求で、これらが満たされていないと、⑤の自己実現欲求（努力して自分を高め、貢献しようといった欲求）の段階に進むことができません。子どもが自ら「やろう」「やってみたい」と思えるように、

マズローの欲求の階層

⑤自己実現欲求
向上心、自己達成の欲求、生きがいの追求
④セルフエスティーム欲求
認められたい、自分をわかってほしい、ありのままの自分を大切にしようという欲求
③所属・愛情欲求
大切にされたい、自分の居場所があり、人と関わりたいという欲求
②安全欲求
恐怖、危険、苦痛からの回避
①生理的・身体的欲求
食事、睡眠など生命維持のための欲求

「○○しなさい」と言わずに、**まず最初の４つの欲求が満たされているかチェック**してみましょう。

1 生理的・身体的欲求

食事、睡眠といった生命・健康維持に必要な、もっとも基本的な欲求です。

文部科学省から、「早寝早起き朝ごはん」というキャッチフレーズが２００６年に提唱され、現在もなお子どもの生活習慣の乱れが深刻な問題になっています。食事をとらないと低血糖を招き、アドレナリンが出て、一種の興奮状態になります。これによって、集中できない、落ち着かない状態が表れることがあります。

なかでも**睡眠がとくに重要です。深く質のよい睡眠をとると、心が安定し、自己コントロール力を高める物質が分泌されます。**規則正しい睡眠と食事を心がけるだけで、「問題行動」が収まり、子どもの状態がとても落ち着いたという報告がよくあります。

保護者に睡眠チェック表（24・25ページ）を記録してもらうことで、寝る時間が遅いなどの問題に親子で気づき、改善するきっかけになります。

2 安全欲求

恐怖、危険、苦痛などからの回避ですが、乳幼児期や小学校低学年でとくに重要なのは、虐待の問題です。保護者が「しつけ」「子どものための教育」だと思ってやっている行為が、子どもに大きな苦痛を与えていることもあります。体罰などの身体的虐待だけでなく、子どもの存在を否定するような言葉、無関心な態度・育児放棄（ネグレクト）など、精神的に苦痛を与えることも含まれます。

とくに、大人にとって困る言動を繰り返しがちな**「育てにくい子」の場合、保護者が厳しく叱り続けるうちに、それが虐待にエスカレートしてしまうこともあります。**また、周囲から「きちんとしつけのできない親」と見られ、そのプレッシャーから保護者が体罰という感覚ではなく、「しつけ」として子どもをどなったり叩いたりするケースも少なくありません。

体罰などの身体的虐待、無関心な態度・育児放棄などの精神的虐待は、深刻にならないうちに気づくことが重要です。とくに、日々親子に関わる支援者には、早期に気づき、適切な対応を行うことが求められます（具体的な対応については、190〜195ページ参照）。

3　所属・愛情欲求

家庭や園や学校など、その子がいる場が安定すること、身近な人との信頼関係が築かれることで欲求が満たされていきます。子どもの場合は、保護者との信頼関係が第一でしょう。祖父母や地域の方のサポートも大切です。

子どもの話をきちんと聞く、ちょっとした変化に気づいて声をかける……こういった関わりを親

	1	2	3	4	5	6	7	8	9	10	11	12	備考(朝食など)

睡眠チェック表

	12	13	14	15	16	17	18	19	20	21	22	23	24
1日													
2日													
3日													
4日													
5日													
6日													
7日													
8日													
9日													
10日													
11日													
12日													
13日													
14日													
15日													
16日													
17日													
18日													
19日													
20日													
21日													
22日													
23日													
24日													
25日													
26日													
27日													
28日													
29日													
30日													
31日													

＊子どもが眠っている時間帯を塗ります。必要に応じてネットやゲームをしている時間も確認してみましょう。チェックすることで、子どもの睡眠状況がひと目でわかります。朝食の有無や子どもの状態も記入するとよいでしょう。

いっしょに
あそびたかったのに
だめって言われて
悲しかったんだね。

共感の公式＝「○○だから（感情の原因）△△なのね（感情を表す言葉）」

や周囲の人が心がけていれば、子どもは、「大人は自分のことを見ていてくれる、大切に思ってくれている」と実感することができます。

また、信頼関係を築くうえで大切なのが共感です。共感を示す方法として上記のような「共感の公式」があります。これは、相手の感情に焦点をあて、その感情を言葉にする方法です。感情に名前がつくことで、子どもが自分や相手の気持ちを理解することにつながり、人に共感する力が育ちます。

とくに、**自分の気持ちを言語化しにくい子どもには、大人がその子の思いを読み取り、言葉で返していくことで、「自分をよく見てくれている、大切にされている」という安心感を与えることができます。**

4 セルフエスティーム欲求

「セルフエスティーム欲求」とは、「他人から承認などを得て、自分は大切な存在だと感じたい、ありのままの自分で大丈夫と感じたいと思う欲求」です。セルフエスティームは自尊感情、自己肯定感、自己評価などと訳され、自分自身を価値ある人だと感じ、自分自身を好きだと感じる感情です。この欲求を満たすためにいちばん重要なことは、「**たとえできないことがあっても、自分を大切に思えること**」です。

子どもに肯定的なメッセージを送ることで、自己イメージが高まり、「自分を大切にしよう・またがんばろう」という気持ちが芽生えます。その反対に、保護者が何げなく口にする「**なんでこんなこともできないの？」といったマイナスの言葉は、子どものやる気スイッチを壊し、自己イメージを低下させてしまうことがあります。**

マズローの欲求の①〜④の4つの欲求が満たされているかどうかを確認することで、子どもの基本的な状態が理解できます。「困った言動」を示す子どもへの対応を検討する際、この4つの項目を、まず確かめましょう。

次ページに簡単なチェックリストがあります。ケース検討や職場研修、支援者間の情報交換など、さまざまな場で活用できます。個人面談などの際、保護者との共通認識を作るためにも役に立ちます。

マズローの欲求の階層チェックリスト

＊子どもが、それぞれの項目を満たしていると思える場合、チェックします。
＊項目によっては、幼児の段階では確認しづらい内容があるかもしれません。チェックする必要がある項目かどうかは、各自で判断してください。④の「自己（セルフ）」という認識は、幼児期以降に大きく育つ感覚ですが、子どもを見るうえでとても重要な要素なので、よく観察してチェックしてください。
＊満たしていない項目については、欲求を満たすための対応を子どもの状況に合わせて考えます。その際、①の「生理的・身体的欲求」から順に補っていくのが望ましいでしょう。

①生理的・身体的欲求

- □ 毎日熟睡していますか？
- □ 睡眠のサイクルは安定していますか？
- □ 睡眠時間は十分ですか？
- □ 朝食は毎日食べていますか？
- □ バランスのよい食事をとっていますか？

②安全欲求

- □ 体罰や、存在を否定するような言葉を受けていませんか？
- □ 友だちから暴力・暴言を受けていませんか？
- □ 家庭は安心安全な空間ですか？
- □ 感覚がデリケートではありませんか？
- □ 悩みやつらい気持ちを家族に話し、ケアをしてもらっていますか？

③所属・愛情欲求

- □ 家族に大切にされていますか？
- □ 親子関係が安定していますか？
- □ 園や学校の友だち関係はうまくいっていますか？　居場所はありますか？
- □ 支援者との関係が安定していますか？

④セルフエスティーム欲求

- □ よい形で注目されていますか？
- □ 人から認められていますか？
- □ 自分のことが好きですか？
- □ 自分はこれができるという自信がありますか？
- □ 失敗してもがんばっている自分にオーケーを出していますか？

セルフエスティームとは

「セルフエスティーム」という概念は、子育て、とりわけ「育てにくい子」の状況を観察、分析し、関わり合いを考えるうえでとても重要です。

「セルフエスティーム」は、日本語では、「自己肯定感」「自尊感情」「自己評価」などと訳されていますが、原語の「self-esteem」には、もっと深い意味が含まれています。しかし、その深い意味を含めて表現できる日本語はないと言っても過言ではありません。日本の文化の中では、団体や組織より個人の人格を重視してこなかったからではないでしょうか。

セルフエスティームは、「**外見、性格、長所、短所、障害、特技など、自分のすべての要素をもとに作られる自己イメージを客観的に見て自信を持ち、欠点をふくめありのままの自分を大切にしようと思う気持ち**」です。したがって、セルフエスティームが高いということは、自己イメージが高く、何か苦手なことがあっても、自分を肯定的にとらえ、大切にしようという気持ちがあるということです。

この観点で「育てにくい子」を見てみましょう。大人にとって困った言動を示す子どもの場合、どうしてもいろいろな人から叱られやすくなります。同世代の子どもたちからも距離を置かれがちです。そして、叱られ続けることで子どもは「自分はだめな子」と思うようになり、セルフエスティームが低下してしまいます。

つまり、**育てにくい子、叱られやすい子こそ、セルフエスティームを上げる関わりがとくに大切**なのです。

セルフエスティームを高めるには

セルフエスティームを高めるうえで重要なポイントは、次の3つです。

❶マイナスの言動（頭ごなしに叱るなど）をまず減らす

❷よいところ・がんばっているところを認めて伸ばす

❸「ありがとう」と言われる体験を増やす

この3つのポイントを理解するうえで参考になるのが、下記の「自己評価の循環構造」です。

基本的には、「ほめられたり認められたりすることで自己評価が高まり、積極的な行動につな

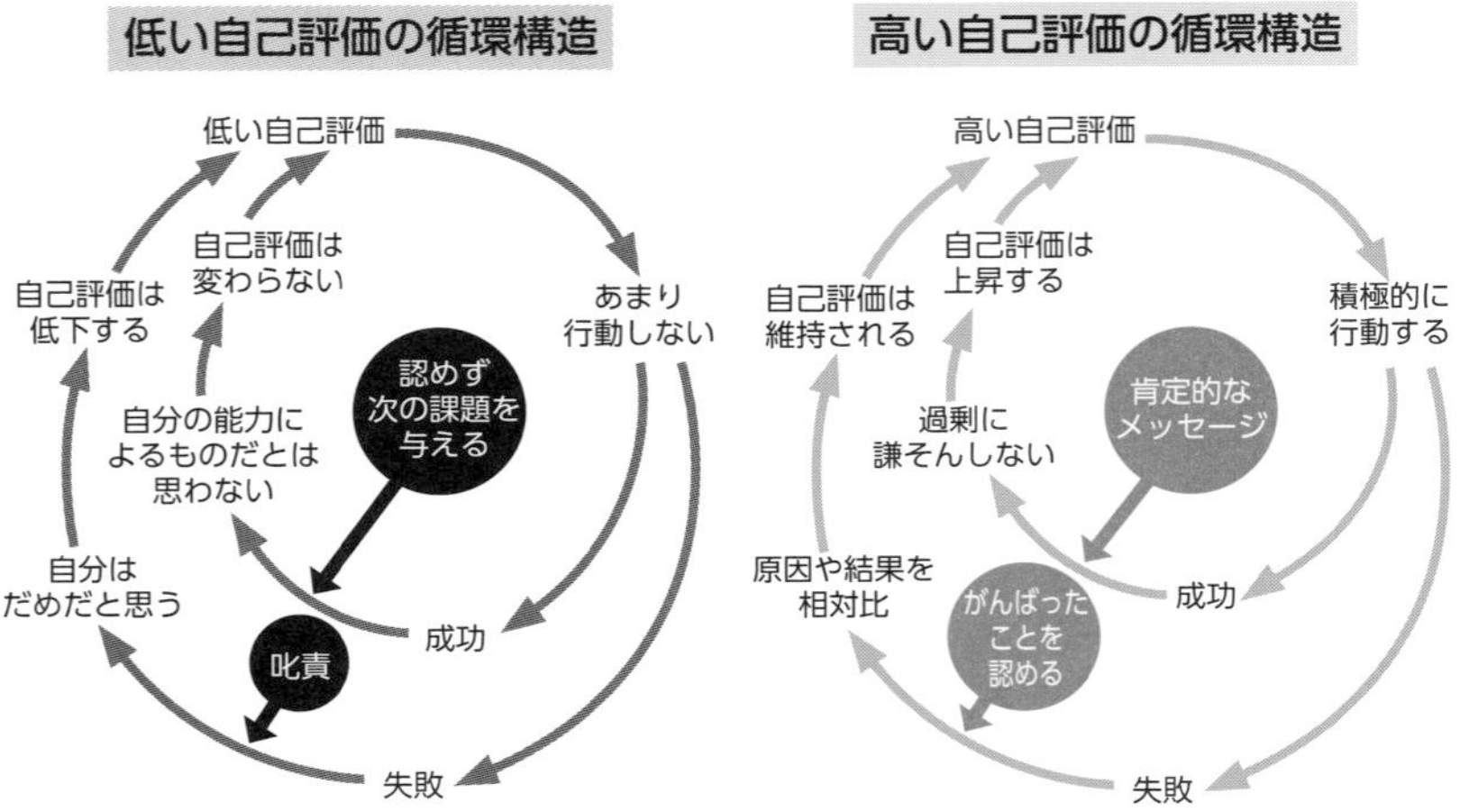

低い自己評価の循環構造
低い自己評価
あまり行動しない
認めず次の課題を与える
成功
叱責
失敗
自分はだめだと思う
自己評価は低下する
自分の能力によるものだとは思わない
自己評価は変わらない
高い自己評価の循環構造
高い自己評価
積極的に行動する
肯定的なメッセージ
成功
失敗
がんばったことを認める
原因や結果を相対比
自己評価は維持される
過剰に謙そんしない
自己評価は上昇する

出典『自己評価の心理学―なぜあの人は自分に自信があるのか』著／クリストフ・アンドレ、フランソワ・ルロール、訳／高野優（紀伊國屋書店、2000）
＊図を一部引用・改変

がっていく」という循環構造ですが、ここで重要なのは**結果ではなく、過程を認める**ということです。

わたしたち日本人は、「子どもをほめて」と言われても、なかなか積極的にできない傾向がありますが、「ほめる」という肯定的なメッセージには、ほほ笑みかけたり、優しくフォローの言葉をかけたりすることも含まれます。こういった思いやりのある関わりの積み重ねで、子どもは「自分は大切にされている」と感じられるようになります。このことは大人にも当てはまります。

セルフエスティームは2種類ある

ただし、セルフエスティームの高さが、逆に不適応行動や抑うつ傾向の悪化につながることがあります。これは、セルフエスティームには2種類あることが影響しています。

①真のセルフエスティーム…自分らしく存在できると感じられる自尊感情

②随伴的セルフエスティーム…他者からの評価、競争、学業的有能さなどに関する承認による自尊感情

たとえば過剰適応を起こしている子どもは②の随伴的セルフエスティームが上がり、①の真のセルフエスティームが下がっている状況です。つまり結果を出している自分が承認され、結果を出せないだめな自分は見せないようにしなければいけないと考えてしまいます。このように、②の随伴的セルフエスティームだけが高くならないように、注意が必要なのです。①の真のセルフエスティー

ムを育てるためには、不完全な自分を好きになることが大切で、そのためには不完全なままの自分を肯定的に受け止める支援者の存在が重要です。

実際、**失敗したときや心身が弱っているときこそ、真のセルフエスティームを高めるチャンス**です。たとえば、何か思い通りにできないことがあっても、周囲から「失敗してもいいんだよ。がんばったことはよくわかっているよ」と、努力した過程を認められたり、風邪をひいて元気がないときに優しく看病されたりするだけでセルフエスティームが維持され、「自分は大切にされている」と実感できます。

一方、他人の評価や比較によって左右される随伴的なセルフエスティームは自己評価が低くなるにしたがって低下するため、積極的に行動しにくくなります。そうすると、何かに成功しても、それが自分の力だと実感できず、自己評価はなかなか上がりません。これが「低い自己評価の循環構造」で、「うつ」などは、この循環に入ってしまった状態と考えられます。

また、このような状態では、失敗がさらなる自己評価の低下につながりやすく、そこに周囲からの叱責が加われば、セルフエスティームは下がる一方です。

このように環境によって形成されるセルフエスティームは、子どもの「第2の特性（育っていく過程で形成されるもの）」（8ページ参照）です。

低年齢のうちは、ほめられると素直に喜ぶことができ、自己評価は比較的上がりやすいのですが、**成長に伴ってこの「素直に喜ぶ」ということがむずかしくなります。**

また、低年齢でも、叱られ続けてきたことで自己評価が下がってしまっている子どももいます。傷の深さによっては簡単にいかない場合もありますが、周囲がその子のよいところ、がんばっているところを見つけて認めていくことで、低い自己評価の循環から高い自己評価の循環に変換され、セルフエスティームにも少しずつ変化が表れてくるはずです。

生きていく力の土台となるセルフエスティームを、**幼児期にしっかり形成しておくことが、将来いじめや失敗、挫折に直面したときに、それらをはねのける力や回復する力（レジリエンス）となる**のです。

傷ついた親たちの思い

ここでは通常の面談では自己開示されない、深い親の思いを2人の手記でご紹介します。

1　虐待の連鎖——自分が変わると、子育てはやり直せる

●**息子　現在28歳**…大学を卒業後、現在は会社員として働いている。
●**わたし　現在50代**…家族からネグレクトや心理的虐待を受けて育った。現在ソーシャルワーカーとして働いている。

わたしが母にされてきたこと

わが家は両親の関係が悪く、父が母をどなっていたため、わたしは母親から不在がちの父親の悪口を聞きながら育ちました。幼いときから「親はわたしを助けてはくれない人」というイメージが自然と身についていきました。

母親はいつも父にどなられてかわいそうな人で、両親を早くに亡くし、苦労してきたと聞かされていたので、わたしは、母を助けようと思っていました。しかし、小学校3年生のとき、いつも母

にどなられ叱られているのがつらくなり、助けを求めて学校の図書館に行きました。そして、「人生は苦である」という仏教の本の一文を読んだとき、わたしも我慢しなければならない……とあきらめることにしたのです。母親からも「自分を殺して他人を優先しろ」と言われて育ちました。

自分の意志は二の次にして母に合わせることを決めたわたしは、自分の行動は母親を基準として行うことにしました。母親だったらどのように行動するかを考えて生きてきたのです。ときどき自分の意見を言うと、母から「それはわがままだ、性格が悪い」とレッテルを貼られました。こんなふうに育ってきたせいか、いまでも家族（夫と息子）以外の人に自分の意見を言うことも、言い返すこともできません。

わたしはだめ人間？

母の機嫌がいいときに、「こうするといいよ」とアドバイスされたことがあります。そのとおりにしてうまくいって少しの期待をもって伝えに行くと、いつも「それがどうした！　だからお前はだめなんだ、油断するな、図に乗るな」と言われました。

これはダブルバインドです。こんなふうに、いいことの後には必ず悪いことがある、喜びの後には悲しみがくる、いつも次に何があるかわからない状態なので、身構えて歯を食いしばり、肩に力が入ってつねに体は緊張していました。結果、大人になったわたしは、物事の善悪、喜びを感じなくなっていました。いつも体調が悪くて、薬を飲み続ける生活をしていました。

わたしはつい最近まで、人からほめられても、素直に「ありがとうございます」と言えず、「すみません」と答えていました。わたしは母親から「性格の悪い、だめ人間なのだから注意しろ」と繰り返し言われて育ったからです。

だめ人間のわたしをほめるなんて、あなたは間違っていますという思いで、ほめてくれた人に謝っていました。相手は困っていましたが、わたしは、自分を貶めることで自分自身を保つ傾向がありました。

息子に対しては、つねにだめ人間の子どもだから、謙虚にならなければならないと伝え、だめ人間と結婚した夫に対しては、不幸で申し訳ないと思っていました。

わたしの子育て方針

わたしは両親からいつも全否定されどならられて育ったので、わが子にはつらい思いをさせたくない、かわいがって育てようと決めていました。

しかし、初めての育児で、ひとりでがんばっていたため精神的に余裕がなかったわたしは、息子が簡単なことで失敗すると、叱りつけていました。

息子は、小さな頃から言葉が遅く、周りの人とコミュニケーションがとれず、こだわりが強いせいもあって、だれからも理解されることなく、孤独でした。いつも斜め下を見て、あきらめたような、苦笑いのような笑みを浮かべていました。

親であるわたしは、息子にそのような特性があることはわかっていましたので、漠然と息子の将来が不安でした。子どもは幼稚園・小学校で、わたしは母親集団の中で、それぞれ浮いている存在でした。

叱る自分が止められない

息子をきちんとした人に育てなくてはいけないというプレッシャーから、小学校低学年の頃からわたしは厳しくしつけをしていました。

理由のわからない怒りの矛先が息子に向いて、叱るのをやめたいのにやめられず、エスカレートしていきました。涙のあとがある息子の寝顔を見ていると、申し訳なくて、自己嫌悪に陥り、ただただ涙があふれました。

息子は小学生の頃、よく自分を卑下していました。あるとき、リビングのソファーに座らないので理由を聞くと「俺なんかがソファーに座る資格はない」とつぶやきました。それを聞いて、わたしと同じ思考になっているとハッとしました。「俺のようなものが」ということを言わせ、何も感じず、自分と息子を同一視し、物のように接していたのです。

わたしは母から、テレビで事件や殺人のニュースが流れると「◯◯（わたし）にやられる、殺される！」とよく言われていました。そう言われるたびにナイフで胸をえぐられるようなショックを受け、声も出せずにいました。子ども心に深く傷つき、わたしは信用されない人間なのだと思うようになりました。

そしてわたし自身が子育てをする立場になったとき、なぜか自分の息子は絶対に事件に巻き込まれるか、何かよくないことをしてしまうだろうと思い込んでいました。そのため、事件の被害者にも加害者にもならないように、厳しくしつけました。根拠のない思い込みですが、親に容疑者扱いされたわたしが、息子も同じようになるかもしれないという像を勝手に作り上げていたのです。

このことが関係して、息子は自信のない、親に自分の意見を言わない中学生になりました。いまから思えば、これは二次障害なのだと思います。

申し訳ないと思っていた息子

息子は鉄道が好きだったので、鉄道研究会のある中学を選びました。入学後、最初の英語の小テストのとき、緊張のあまりメモを片付けるのを忘れ、カンニングを疑われてしまったこともありました。

その後、定期テストは休みがちになり、いつも追試を受けていました。まじめにがんばっても裏目に出ることが続き、成績も悪く、何をやってもうまくいかず、空気のような存在になりました。挙動不審で事件の犯人にまちがわれたこともあります。

テストでは、フリーズしてしまい、本当の力が発揮できませんでした。「わかっているけど、答えが書けなくなる……」と、伝えてきた息子を、わたしは「しっかりしなさい！　努力がたりてないよ」と厳しく叱りつけ、監視し、時には食事を与えないときもありました。

そんなとき、息子は叱られてばかりいる自分を情けない、迷惑をかけて申し訳ないと思い、気づかれないようにそっと家から出ていこうと考えていたそうです。

いま思えば、息子には不注意などＡＤＨＤの傾向があり、過剰適応のせいで二次障害を引き起こしていたのでした。

子育てのやり直しが始まった

息子が15歳のとき、学校を休みがちになったことをきっかけに受診し、ＡＤＨＤ傾向と診断されました。

当時は薬の処方に年齢制限があったため薬物治療はしませんでしたが、担当の先生からえじそんくらぶを紹介されました。その頃えじそんくらぶは、発達障害のひとつＡＤＨＤで唯一の当事者の会としてできた団体でした。

わたしは息子に適切な関わりを増やすため、保護者用のストレスマネジメント講座を受けることにしました。講座では、適切なコミュニケーションのしかたや自己理解を学びます。あるワークでは、「なぜ◯◯できなかったの?」という言葉かけは相手を追い込み、言い訳を引き出すとわかったため、息子に使うことはやめようと思いました。

また、「ちょこっとチャット」というカードゲームやグループワークを何度も続けるうちに、人の話を評価せずに聞けるようになり、自分の言動を客観視できるようになりました。相手の欠点ばかりを見ていたわたしが、よいところを見ることができるようになり、少しずつ共感力が身についていきました。

わたしはもともとアレルギー体質で、一年中ステロイドや抗生物質を服用していました。子育てのストレスが減っていき、気づいたら、薬の処方がなくなっていたのです。つねに肩に力が入り、がちがちに固まった体から、力が抜けていきました。

少しでも気になることがあると、自分のことを追い込み、体調を崩していましたが、渦中にいる自分に気づき、事実を見ることができるようになり、何事も悪いほうに考えてしまうクセもだんだんとなくなってきました。

息子の反応が変わってきた

えじそんくらぶのセミナーで、「息子さんのよいところを10個言ってください」というワークが出て、ひとつも答えられなかったことがあります。困っていたわたしに、高山先生はやさしく「では、息子さんがいいことをしたらありがとうと言ってみましょうか」とアドバイスしてくれました。

これまで子どもに「ありがとう」なんて言ったことがないわたしは、半信半疑で口に出してみました。ごはんを食べたときに「ありがとう」と言ったわたしに、最初息子は不可解な顔をしていましたが、だんだんと顔に緊張感がなくなっていきました。わたしもリラックスして、「ありがとう」が言えるようになっていました。

同時にストレスマネジメント講座のワークを重ねていくことによってわたし自身にＡＤＨＤの特徴があること、そして、被虐待児なのだと自覚がわいてきました。だから、子どもをかわいがれなかったのだとハッとする思いでした。

人は、経験していないことはうまくできません。自分なりの子育てをしよう、親にしてもらいたかったことをやろうと心に決め、子育てのやり直しをしました。

ありがとうが言えるようになってからも、わたしにとって素直に子どもをほめることはむずかしく、ハードルの高い関わりだったため、ほめる代わりに息子の行動の実況中継をしました。たとえば、「帰ってきたね、ごはんを食べているね」と言うのです。

また他人と比べるのではなく、昨日や過去の本人と比べるようにすると、気持ちが楽になりました。「昨日より、うまくなったね」「片付けてくれてありがとう。助かるよ」このような声かけが子どもの行動を肯定していることになるのです。

息子は肯定の言葉を受け取り、次第に心を開いてくれるようになってきました。肯定されるというのは、大切なことです。わたし自身が全否定されて育ったため、そう思うのかもしれません。しかし、障害があろうがなかろうが、どんな人でも、肯定されて育った人は真のセルフエスティームを持っているのではないかと思っています。

親子で問題解決に臨んだ日

子どものできないところが自分とよく似ていて、苦労した過去もあるので、苦労してほしくないという思いからできないところを直そうと必死でしたが、その育て方は間違っていたと気づくまでに時間がかかりました。

子どもと自分は別人格です。生きている時代、出会う人、好きな歌、食べ物、すべて違います。子どもは親のものではありません。本人ができること・できないことを把握し、長所短所を理解して、無理をさせないこと。これらがストレスマネジメント講座に何度も参加し、わたしが苦心しながらも、だんだんと身につけていったことです。

息子がわたしを信頼してくれたきっかけは、駐輪場でのやりとりでした。知的障害はないのに、簡単なことができなかった16歳の息子が、「お金がない」と言い出しました。それほど使っていないはずなので理由を聞くと、月極で利用料を払った駐輪場に毎日利用料を払っていたそうです。自転車に月極利用のシールを貼っているので、言わなくてもわかっていると思っていましたが、息子は使用料を前払いしていることを理解していませんでした。また、駐輪場が一杯になると、止められないと勘違いしていました。

そこで、息子といっしょに自転車を押しながら駐輪場へ行き、係の人に止める場所を聞く練習をしました。泣き腫らした顔をして口の中で、す、す、と何度も言ってから「すみません、止められますか?」と係の人に聞くのです。家に帰ると「自分はこんなこともできないのか、情けない」と言って大泣きしていました。練習した後、係の人に聞いて駐輪することができたときは、親子で喜びました。息子が、一歩前進した瞬間でした。

これからのわたしたち

わたしは自分を変えるためにいろいろと努力してきました。もちろんすべてがうまくいったわけではありません。コーチングを学んだときにトラウマやPTSDのせいで、自分を変えられずに悩んでいたところ、高山先生に、「幸せとはどういうことだと思いますか?」と聞かれました。自分のことが自分で決められることだと答えると、先生は「それも大切ですね。そして感謝することです」「すみませんより、ありがとうと言いましょう。ありがとうは感謝を伝える言葉です」と教えてくださいました。

その日からわたしは、布団で寝られることに感謝、屋根のあるところで寝られることに感謝、水が飲めることに感謝しました。小さなことでもいろいろ感謝の心を持てるようになると、心が穏やかになっていきます。過去には、クレームや評価を言っているほうがいい気分だと思った時期もありました。しかし、ありがとうと感謝を伝えたほうが、周囲との関係もよくなることがわかりました。

また、息子は、高校時代から15年間、いろいろな経験をしましたが、大学に合格するなど、さまざまな成功体験を積むことができました。自分は馬鹿ではない、だめ人間ではないと自分を認められる経験をし、前に進むことができました。そんな息子には、いまだに親の顔色、ようすをうかがったり、不安で安定しないところがあったりしますが、わたしの変化に伴って確実に上書きを続けています。

虐待を受けた人が、のちに支援者になることは少なくありません。つらい過去を変えることはできませんが、「あのつらい体験があったから支援者としてのいまの自分がある」と自然に思えるようになれば、究極の上書きと言えます。ストレスマネジメントや親子の特性を理解するための心理教育は、このように人の人生を変えるきっかけになることがあります。

2　小さい頃から家族にいらないと言われ、トラウマを抱えたわたし

「お前はいらない子なんだよ、だからうちで引き取ってあげる」

これは、わたしが小さい頃、母の実家で伯母家族をはじめとした親戚数名から言われていた言葉です。

わたしは三姉妹の末っ子ですが、息子が生まれることを希望していた父は3人目も女だと知り非常にがっかりしたのだと、母や祖母から幾度となく聞かされていました。そして、生まれてすぐに、女子をほしがっていた母の実家に、わたしを養子に出すことが検討されたそうです。

そんなわたしは、稼業が繁忙期になる夏になるたびに、ひとりだけ長期間母の実家に泊まっていました。伯母たちはわたしに対して、「うちの子にしたいほどかわいい」という意味を込めて、「あっちの家じゃお前はいらないんだから家の子になれ」と笑いながら言うのでした。親しみを込めて言っているとわかっていても、だれかにいらないと言われるのは不愉快でした。そして、そんな状況にいる自分は、「家でも外でも邪魔な存在なのだろうな……」と思いながらゆううつな夏休みを過ごしていたのです。

実家でも、世話をしてくれた祖母からは、悪意が向けられているのかなと感じることが往々にしてありました。たとえば「どんくさい」「のろま」「独活《うど》の大木《たいぼく》」と言われたり、いまどき冗談にもならないような「橋の下で拾ってきた」という発言もありました。男子を欲していた職人の父は、

気性が荒かったため、とても怖く、わたしは昔から嫌われているのだと思い込んでいました。

気に入られたくて必死になる

そんなわたしは、かなり小さいときから、大人を失望させてはいけないと、「期待にこたえなければ」「喜ぶことを言わなくては」とつねに人の顔色をうかがっていました。母に対しても、同じような気持ちで行動していました。

大人に気に入られたいがゆえに、嘘をつくこともありました。一方で、嘘をつくたびに「嘘つきな自分はとても恥ずかしい、死んでしまえ」と罪悪感でいっぱいだったのを覚えています。ほかにも、祖父母の財布からお金を抜き取ることがやめられない……など、小学校低学年ですでに「問題行動」と言われることをしていました。

加えて、姉2人からはひどくいじめられた記憶がいくつか残っています。その影響もあり、わたしは家族みんなから疎まれ、「仲間外れ」「嫌われ者」「どんくさい味噌っかす」という自己イメージを強めていきました。そんな幼児期だったせいか、小学校の2～3年生頃には、「こんなにつらいのに、なぜ生きていなければいけないのか」としばしば考えるようになり、希死念慮の強い子になっていました。

ほうっておかれた問題行動

小学校高学年になると、「ちょい悪」な友だちとの付き合いが始まりました。この頃から、少しずつ自分の気持ちを言葉にできるようになっていきました。ようやく顔色をうかがわずにすむ友だちと話せることの楽しさや、自分の気持ちを言語化する気持ちよさを知っていったのだと思います。こうした変化により、他人との関係性も少しずつ変わってきましたが、相変わらず他人は信用していないし、問題が起こると「自分が悪いんだろう」とすぐに考えるパターンができていました。

また、「他人の顔色から考えていることを推測するのが上手」という特技の裏側で、「自分がやりたいことがわからない」と気づき始めたのもこの頃でした。「親が気に入りそうなことを選択する」ことが当たり前になっていたせいで、主体的にしたいことがわからなかったのです。

高2で部活を辞めたとき、「いままでの自分は親が喜ぶ選択をしていたこと」と、「そんなことはしなくてもよかったのかも」と初めて明確に意識できたのです。しかし、すでに心をたいぶ病んでしまっていたせいか、帰宅部になってから始まった過食嘔吐には数年悩まされました。その他にも、さまざまな違法行為をしたり、自分の体を傷つけたり、学校にいかない日が増えたり……といった問題行動が出てきました。

このとき家族はわたしのフォローをしている間もないほど忙しく、ほうっておかれました。自分から病院に行きたいと相談しても「あんたなんか連れていけない」と言われておしまいでした。親の意思を尊重してきたことに、自分のことを大事にしてもらえなかったことに、友人とうまくやれない自分に、やりたいことがわからない自分に怒っていたことが、自分を痛めつける行動につながっていったのかもしれません。

何歳からでもセルフエスティームは上がる

そんなわたしも、いまや50歳をすぎました。40歳代半ばまでは、日常的に「とても生きづらい」と感じていましたが、子どもの発達障害と二次障害の治療と並行して、病院で自分のトラウマ治療をしてもらったことが転機になり、セルフエスティームを取り戻していきました。このような子ども時代に培われた価値観や行動パターンは、恋愛や結婚、子育てなどがうまくいかなかった多くのことに起因しているようです。

ここ数年の中で大きかったのは「怒れるようになったこと」でした。瞬間湯沸かし器のような短気さを持つ一方で、「自分がいやなことをされても怒れない」という歪《いびつ》さを持っていたのです。それに、「人の好意は有り難く受け入れなければならない」という思い込みもあったため、わたしは半世紀近くもの間、自分の感情を置き去りにしていました。「ほんとは姉が大嫌い」、そう言えるようになったのは昨年のことです。

現在でも、たまに凹むことは当然ありますが、子どもたちと母と穏やかに幸せに暮らしています。見た目はあまり変わっていないのに、セルフエスティームが上がることの効果を、身をもって体験しているところです。

周囲の何気ない言葉で子どもは深く傷つくことがあります。そしてそれが大人になったときに、対人関係、子育てなどに影響を与えます。専門的治療で回復できるということは希望が持てます。ひとりでも多くの人の回復力（レジリエンス）を高める支援が大切です。

保護者といっしょに考える

これまで「マズローの欲求の階層」に基づき、子どもの基本的な状態を観察するポイントについて紹介してきました。「子どもの言動を観察」する際は、保護者といっしょに行うことが大切です。

まず、支援者と保護者の信頼関係や、保護者自身の精神面（うつやトラウマ）など、保護者が支援者といっしょに子どものことを考えられる状態にあるかどうかの確認をします。**保護者の気持ちの落ち込みがひどいときは、子どものことを考えるのが、かえってストレスになることがある**ので注意しましょう。親自身も虐待されていた場合は、まず親のケアが大切です。

そして、保護者が悩みを打ち明けたいと思える関係が築けたら、話を傾聴します。保護者に、「困った」と感じる子どもの言動を挙げてもらい、そのとき保護者自身はどう思い、どのような対応をしてきたかを話してもらいます。あくまでも、「尋問」にならないように気をつけましょう。また、必要に応じて、集団での子どものようすを保護者といっしょに見る機会を作ってもよいでしょう。

●子どもの言動をまず４つに分ける

子どもの「困った言動」について、子ども側に立ち、「どうしてなのか」を考え、アプローチするひとつの方法として、子どもの言動を次の４つの視点で見直します。

❶ 聞こえていない

❸ うっかり

❷ わからない

❹ わざと

❶「聞こえていない」からか
❷「わからない」からか
❸「うっかり」なのか
❹「わざと（意図的）」なのか

たとえば、「朝のルーティンをしない」という「困った行動」があったとして、もしかしたらそれは、「聞こえていない」のかもしれない、指示が理解できず、いまやるべきことが「わからない」のかもしれない、何かに気をとられ「うっかり」忘れているのかもしれない、相手にかまってもらいたくて「わざと」ぐずぐずしているのかもしれない、というように考えて、その子の言動をとらえ直してみるのです。

　必ずしもひとつの言動にひとつの要因ということではなく、また、この❶～❹では説明のつかないこともあります。さらに、「わからない」にも「人の気持ちがわからない」「言葉の意味がわからない」など、いろいろな「わからない」

があるように、ひとつの視点の中にもさまざまな意味が含まれています。

重要なのは、４つに分類することではなく、**いろいろな方向から子どもをとらえる**こと。４つの視点は、子どもの思いに近づくためのきっかけのひとつと考えてください。この分野以外にも寝不足、感覚がデリケート、怒りや不安があるなどの理由でストレス状態にあって、指示どおりにできないこともあります。

また、支援者はこの過程で、園や学校での子どものようすや、支援者がその子どもをどうとらえて対応してきたかについて、保護者に伝えるとよいでしょう。

こうして、子どもの言動の要因が見えてきたら、それに応じた関わりを考えていきます。「この言動にはこの対応」というマニュアル化したものではなく、一人ひとりの子どもや保護者の状況を考えたうえで、**いま、その親子に最適だと思われる関わりを、できるところから実践していきます。**

そのとき、園や学校ではどんなことができるかについても検討し、家庭と園や学校とで連携をとりながら進めていきましょう。

試行錯誤しながら、関わり続ける

52・53ページの図を見てください。対応の過程で、「実践によって子どもはどのように変化したか」を確認し、対応の見直しを行うことが重要です。効果が表れたときには、親子とともに喜び合い、適切な実践ではなかったと思われたときにはまた検討し直す、というように、〈観察→検討→実践→検証（見直し）→実践……〉と、試行錯誤しながら、関わり続けましょう。

それぞれのタイプに合わせた関わりをすることで親が叱ることも減ります。子どもがうまくできる条件は、その子によって違います。そのことを忘れずに、サポートしましょう。

このように、意図的に行った関わりによって子どもの状態がよい方向に変わってくると、保護者も子育てに自信が持てるようになってきます。そして、子どもに抱いていた「育てにくさ」が軽減することも期待できます。

STEP 4：検討

①
子どもの特性をわかりやすく説明すると、不安が減少することがある

②
園や学校でしている工夫、似た親子の例をたとえ話として紹介する

③
子どもに日頃のようすをていねいに聞き取る。自治体や専門機関につなげる

STEP 5：実践・検証

導き出した対応を実践しながら、親子のようすを見守る
必要に応じて、職場内外の協力者と共有し再検討する

親子の困りごとに対応する5STEP

STEP 1：事前の確認

・保育者と支援者の信頼関係ができているか
・保護者の精神面が安定しているか
・育児以外のことで深刻な問題を抱えていないか

↓

不安な要因がある場合は、保護者自身のサポートを優先させる（Part 4参照）

STEP 2：保護者の話を聴く

保護者から子育てで困っていることを聴き、親子のようすを観察する

何に困っている？

例：健診で発達のおくれを指摘されたがどうすればいいかわからない

STEP 3：困っていることの分類

①
子どもの特性がわからずに対応している

②
うすうす特性に気づいているが具体的な対応がわからない

③
教育虐待、ネグレクトなどの不適切な育てかたが疑われる

親子の言動を観察し、サポート法を考えよう

「育てにくい」「困った」と感じる子どもが目の前にいたとしても、子どもにすべての原因があるとは限りません。保護者の言動や親子関係も視点に入れ、どのようにサポートしていけばよいのか、事例を通して考えていきましょう。

Ｐａｒｔ３では子どもの言動を観察し、具体的なケースを通して、観察と対応のヒントを出していきます。すべてのケースで、まずはこちらの話すことが子どもに聞こえているかを確認します。「自分だったら、この親子にどう関わるだろう」と、考えながら読み進めてください。

Part 3

子どもたちの8つの事例～こんなときどうする？

8つの具体的なケースから、うまくいく条件を見つけていきましょう。

「十人十色」。まさにいろいろとユニークな子どもたちがいます。支援者はひとつの教育理論だけですべての子どもの子育てがうまくいかないことを「前提」にしておくことが大切です。

case 1

どうしたらよいかわからない？

じっとすることが苦手で、なかなか寝ないAさん

親子のようす

スーパー、児童館、テーマパークなどでじっとしていられない。ちょっと目を離すと、どこかに行って迷子になり、休日も親はへとへとに疲れてしまう。また、なかなか寝ないため、たくさん運動させようとスポーツジムのスイミングスクールに参加させようとしたが、そこでも走り回り、周囲の親子にジロジロ見られるのがつらいとのことだった。日中、外で走り回っても、寝るときにはスマホを見たがったり、恐竜の話をしたがったりで体力は有り余っているようす。母親は眠れず、家事も進まず、かなりつらいようすで、いつも朝から疲れ切っている。

対応のヒント

以前から、午前中に外遊びをたくさんすると子どもはよく寝る、そして寝る子は育つと言われていますが、なかなか寝てくれない子どももいます。「絵本を読んで」とせがんだり、自分が興味のあることを話し、しっかり聞いてくれないと癇癪を起こしたり、子どもが眠れないことで親も眠れないという状況が続くと体力的にも精神的にもつらくなります。

また、子どもが眠らないことで親のメンタルヘルスに影響を及ぼし、怒りのコントロールができない、うつっぽくなり集中できないなど、ストレスで疲弊していくことがあります。その場合は基本的に、学童期前のお子さんには睡眠薬は処方されませんが、小学生になると薬を処方してもらうという選択肢もあります。まず親子でどうやったら眠れるか、左のリストを参考にしながら、試行錯誤してみることをお勧めします。

熟睡のために大切なポイントはいくつかあります。

- ・規則正しい睡眠習慣
- ・習慣的に運動する（効果的なのは夕方から夜、就寝の3時間くらい前の運動）
- ・就寝の2〜3時間前に入浴する
- ・起きたらカーテンを開けて、太陽の光をあびる

・夜は部屋を暗くする（赤っぽい暖色系の蛍光灯が理想）
・夕食や夜食は、消化活動が睡眠を妨げるのでできるだけ控えめにする
・カフェインの摂取を控える（成人でも敏感な人は就寝の5～6時間前から控える）

●参考
https://www.e-healthnet.mhlw.go.jp/information/heart/k-01-004.html
厚生労働省生活習慣病予防のための健康情報サイトより

その他、寝る前に寝室を適温にして、リラックスすることが大切です。テレビやデジタル機器のブルーライトを、就寝の最低1時間前には見るのをやめ、脳を興奮させないようにしましょう。

あまりにも子どもが眠れずに、保護者の睡眠時間が確保できない深刻な場合は、クリニックに行って相談することをお勧めします。24・25ページの睡眠チェック表をしっかりつけて持参すると医師に理解してもらいやすいでしょう。

子どもが睡眠のトラブルを生まれつき持っている場合もあります。ADHDやASDと診断された子どもは、そうでない子と比較して、約2倍以上睡眠障害を伴いやすいというデータもあります*。睡眠トラブルの相談から、子どもの発達障害の特性に気づき、そして適切な理解と支援につな

がるケースもあります。

＊ＡＤＨＤ児における睡眠障害の併存率は35～70％と報告されている。定型発達児の睡眠障害の有病率は11～37％と報告されていることから，ＡＤＨＤ児は定型発達児と比較して，睡眠障害の併存率が明らかに高い（ＡＤＨＤと睡眠障害―診断・治療戦略を考える―堀内史枝，河邉憲太郎，岡靖哲‐児童青年精神医学とその近接領域 ,2017）

＊また、ＡＳＤ児にも52％～73％の頻度で睡眠障害が合併すると報告されている（LevySE,MandellDSandSchultzRT：Autism.Lancet,374,2009）

ポイント

◉癇癪を起こしたり、怒りっぽくなったりイライラする原因のひとつとして、睡眠不足がないか確認する
◉睡眠の重要性を伝え、早寝早起きの睡眠習慣がついているか、寝る直前までブルーライトを見ていないか、睡眠表などをつけてもらい、睡眠の相談にのる
◉あまりにも子どもが寝ないことが原因で、親が疲弊しているようであれば医療機関の受診を勧めてみる

プラス
解説

虐待と発達障害

虐待と発達障害の関係については、いまいろいろな形で語られています。その中には、科学的根拠がないことも多く、誤解を招く要因にもなっています。それぞれの関連性を、どうとらえたらよいでしょうか。

2つのポイント

虐待からくる愛着の問題と発達障害。いま現場ではこの2つが混在して対応に困っている先生方が多いようです。ここでは主に2つの気をつけたい視点について解説します。

①被虐待児と発達障害の状態像が似ていることによる誤解

まず、状態像についてですが、虐待が子どもに及ぼす影響のひとつと言われる「精神的ダメージ」が大きく関わっています。

これは、虐待によって愛着形成がうまくいかないと、人への不信感を抱き、精神的発達が妨げられる危険性があるということですが、よく見られる症状として、多動、攻撃性、無表情ということがあります。これらは、ＡＤＨＤやＡＳＤの主症状と似ている部分があるため、誤解されやすいのです。

症状は同じでも原因が違えば、当然対応のしかたも変える必要があります。そのためにも、気になるようすが見られたときは、「マズローの欲求の階層」（21ページ参照）で子どもの状態を確認したり、「虐待のチェックリスト」（190・191ページ参照）で親子のようすを見直すなどして、原因を見極めることが大切です。

そして虐待が原因だと思われる場合は、その危険を回避し（虐待の対応については、194・195ページ参照）、安定した環境を保障することで徐々に症状が治まることを期待します。もちろん、受けた傷の深さによって、状態の安定までに長い時間を費やすこともあります。

一方、発達障害は生まれつきの脳の機能障害によるものなので、原因をなくすというより、その特性を理解した関わりを重要視します。一人ひとりに合わせて環境を整えたり、周囲の関わりかたを工夫したりしていくことで、本人が感じる困難を軽減できるようにしようと考えるのです。

②発達障害のある子の「育てにくさ」による育児ストレス

発達障害の「育てにくさ」と虐待との関連については、保護者が「育てにくい」と感じる要因を見直してみると、発達障害によって表れる症状と重なる部分が多く見られます。

たとえば、ＡＤＨＤの主症状となる多動性、注意散漫、衝動性は、周囲からの非難を受けやすいものですし、ＡＳＤは、社会性やコミュニケーションの障害を伴うことから、親子の親密な関係が築きにくく、また、周囲の子どもたちとのトラブルから保護者が責められることも多くなります。

このような「育てにくい子」と毎日向き合ううちに、保護者にはストレスが積み重なっていきます。そして、つい激しく叱責したり、無視したりといった関わり、またそれが虐待などの不適切な関わりに発展する可能性はゼロではありません。

これらのことからも、**発達障害のある子どもの場合、子どもへの支援と同時に、保護者自身のケアも不可欠**だと言えます。さらに子育てのストレスになるのが、障害と診断されるほどではないにしても、ちょっぴり特性がある「パステルゾーン」の子どもたちです。

診断名がついたり療育手帳を持っていたりする子たちのために、最近は教育的にも福祉的にも支援が充実してきましたが、それがないこどもたちはふつうの子と比べられてしまいがちです。「努力が足りない」「親のしつけが足りてない」などと親子を追い詰めることにもつながるので注意が必要です。

■ADHD（注意欠如多動症）の主な特徴

◎多動性

じっとしていられない／しゃべりすぎる／走り回る／高い所へのぼる　など。

◎注意散漫

うわのそらでぼーっとしている／外からの刺激などですぐに気がそれてしまう／忘れ物や物をなくすことが多い　など。

◎衝動性

質問が終わる前に答えてしまう／待つのが苦手で結果的に他人のじゃまをしているように見られるなど。

■ＡＳＤ（自閉スペクトラム症）の主な特徴

◎社会性の障害とコミュニケーションの障害

他人への関心が乏しい／視線が合わない／表情が乏しい／人の気持ちの理解が苦手／関わられることをいやがっているように見える／なん語・指さしの発達の遅れ／話し言葉の発達の障害／オウム返しが多い／呼んでも振り向かない／人の表情や場を読むことができない／冗談や比喩が理解できず、言葉どおりに受け取ってしまう　など。

◎想像力の障害とそれに基づくこだわり行動

手をひらひらさせる／体を揺らす／ぐるぐる回る／物のにおいをかぐ／感触を楽しむ／特定の物に執

着する／日課や習慣の変更に抵抗を示す／ごっこ・見たてが苦手／物を並べる　など。

出典『わかってほしい！　気になる子　自閉症・ADHDなどと向き合う保育』
監修／田中康雄、著／わかくさ保育園、高山恵子、澤井晴乃（Gakken、2004）

case 2

過剰適応例

とてもよい子でがんばりすぎているようすのBさん

親子のようす

両親ともに教育熱心で、ピアノ、水泳、英会話などのいろいろな習い事をさせている小学校1年生。宿題もきっちりやってきて、忘れ物もない。朝学校に来ると、ときどきとても疲れているように見えて、心配になり声をかけると「大丈夫です」と言ってがんばり続け、逆に心配になることがある。保護者に話を聞いてみると、「うちの子はとても素直でがんばり屋さんなんです。父親は何かを途中でやめるのはよくないといい、継続は力なりといって応援しています」と、子どもに無理をさせていることに気づいていないようすだった。

対応のヒント

小さいときはとても素直で大人の言うことをよく聞き、ほめられることがとてもうれしく、承認欲求が強い子どももがいます。とくに両親にほめられることが重要で、「親の言うことを聞くと愛される」「反抗すると嫌われる」と強く思っているタイプです。極度に失敗することをいやがり、できそうもないと思うと能力があってもトライせず、とくに人前でミスをすることは絶対に避けて、そのような状況では不安が強くなります。これは過剰適応とも呼ばれ、その結果カモフラージュという、自分の欠点を隠していい子を演じるようになります。

このような状態をずっと続けていると有害なストレス状態が続き、自分らしさを出すことができずに、後にメンタルのバランスを崩し、体調や精神面で二次的な問題の出る可能性が高くなります。まずクラスでは、「先生でも失敗はする。だから子どもであるみんなが失敗するのは当たり前よ。失敗する子が悪い子、だめな子じゃないから安心して」というメッセージをクラス全体に都度伝える必要があります。

また、ひとりでなんでもやらせようとせず、「ちょっとむずかしい」「わかりません」と、自分が苦手なことを人に言ってよいという感覚を、小さい頃から持つように対応することが大切です。

ちょこっとチャット（166ページ参照）のようなゲームを通して、自己開示がスムーズにできるようになることが理想です。失敗してもいいんだと思えると、新しいことにも挑戦できますが、失敗したらいやだと思うと、子どもはいまの実力＋1の課題にトライするきっかけを失うことにもなります。子どもの可能性を狭めないためにもこの考えかたが重要です。

ありのままの自分を肯定的に受け止められるように、周囲の大人はサポートする必要があります。そのためにはまず、失敗しても成功しても、あなた自身が大事というメッセージを家庭や学校で子どもに伝えることです。

「将来のため」「子どもの幸福のため」と親が子どもの能力以上の課題を与え続け、できないと「あなたはだめな子、わたしの子どもじゃありません」と自尊感情を傷つけるような対応は、長期的に子どものメンタルを危うくします。

このような状態が続くと、ありのままの、失敗をする完璧でない自分はだめな人間だ、存在価値がないと勘違いし、周囲の承認を求めて過剰適応していく行動パターンが染みついてしまいます。小さい頃、親の価値観は子どもにとって絶対的ですが、学校という場所でいろいろな価値観や評価基準があるということを、事実として伝えていくことが大切です。

ポイント

- ◉がんばりすぎている子どもに対しては、過剰適応という視点を持って関わる
- ◉失敗をすることはよくある。失敗してもまた次トライすれば大丈夫ということを伝える
- ◉自分の本当の気持ちを伝えられるように信頼関係を深め、そのスキルを練習する

プラス
解説

過剰適応が心に与える影響

過剰適応とは、外的適応（家庭、学校の要求に応じて、役割を守って実際に行動すること）を優先させることで、内的適応（自分の幸福感や満足感、安定感など）のバランスを崩してしまいます。日本で影響が大きいのは、同調圧力です。価値観やルールを強く取り込んでしまう親や支援者の特性もあるでしょう。

家庭や学校での同調圧力

たとえば、「全員同じ宿題をやらないといけない」と考える支援者がいたとします。そのとき、親や子どもが「先生の言うことは絶対」という価値観を強く持っていると、子どもの能力や体調に関係なく（内的適応を無視して）、「みんなと同じ宿題をする」という外的適応を優先します。そして、親が子どもに睡眠時間を減らしてでも完全にやらせることがあります。

このように「すべき」と思い込んでいることに過剰適応する経験が続くと、「むずかしくて無理だったらやらない」「疲れたら休む」といったことができず、子どものニーズがおろそかになり、精神的健康が損なわれやすくなります。

さらに親が、「周囲にいい親と思われたい」という考えや、「課題は全部やるべき」というこだわり、「子どもは親の言うことを聞くもの」という儒教的価値観、「みんなといっしょのことをさせたい」という願い、「人に迷惑をかけないように育てなければいけない」という責任感などを強く持っているほど、教育虐待のような行動に結びつきやすくなります。

教育虐待により、子どもも「親に厳しくされるのは自分が悪いからだ」と勘違いし、「親の期待や願いにこたえるよい子にならなければ」と親に嫌われないように過剰適応するケースがあることは、多くの支援者が感じているところでしょう。

ほかにも、指導者の「みんなと同じように集団行動ができる子に」という善意の適応指導が、逆に親の「うちの子はできていない」「同じようにやらせなければ」という強迫観念をかきたてます。そして、親から子どもへのストレスや叱責が増え、親子の問題をさらに悪化させる皮肉な結果になるケースもあることを、支援者は知る必要があるでしょう。

障害特性があると悪化する

とくに障害のある親子のケースでは、「理想の自分」と、実際にはそれができない「恥ずべき自分」というギャップに悩み、その結果、真のセルフエスティーム（31ページ参照）が低くなることが多くあります。それを埋めようとがんばればがんばるほど、実際には障害特性のために達成できず、有害なストレスとなり、ますます精神的健康が損なわれたり、虐待が悪化したりするかもしれません。

支援者の方は、過剰適応は子どもにも親にも起こりうるという事実を再確認して、子どもや親ががんばりすぎていないか、適度なストレス、許容可能なストレス、有害なストレスの3つのストレスレベルのうち、有害なストレスになっていないかという視点で、一見問題がないように見える親子の支援を見直してみましょう。

その際のポイントとして、「体感同定困難」という特性を持つ親子（とくにASDタイプに多い）の存在があります。これは、「自分では無理をしているつもりはなくても、人から無理をしていると言われる」ことが多い人のことです。自分自身の身体感覚がわからず、疲れや体調不良に気づかないなどの課題があります。ここまで主に「価値観」により過剰適応するパターンを見てきましたが、このように身体的な自覚がないため、気づかず過剰適応してしまう人もいることに注意しましょう。

このような人は休憩をとったり、家事や勉強をバランスよくセーブしたりすることが苦手です。親の場合、過剰にがんばりすぎて疲れをためてしまい、子どもの話を聴いたり共感したりする余裕がなく、気づかないうちに拒絶的・放任的な態度になってしまうなど、不適切な養育を行ってしまう可能性があります。

支援者が観察し、「ちょっと疲れていませんか？」「ゆっくり休んでくださいね」などの声がけをし、ストレスマネジメントやセルフケアの重要性を理解してもらうことが重要です。

子どもに対しても同様に、有害なストレスにならないようその子の状況を確認し、そのときの実力＋1の課題を与えることを支援者にお願いしたいと思います。

＊参考文献「母親の失体感症傾向と子ども虐待傾向の関連性について」西村由美子、有村達之（心理・教育・福祉研究紀要論文集、２０２０）

case 3

宿題ができない？

宿題がむずかしく、学校の勉強が苦手で不登校気味のCくん

親子のようす

漢字を書くことや計算がとても遅く、宿題をひとりでできないのが母親にとってもストレスになっている。睡眠時間を削って勉強しても小テストでよい点が取れないので、だんだんやる気がなくなってしまった。最近は学校にも行きたくないと言い出すこともある。母親がつきっきりで宿題をひとりで見ているが、余裕がなくなり、夫に相談しても「そのうちできるようになる」の一言しかなく、悩んでいる。

対応のヒント

話すのは得意でよくしゃべるので、知的発達が遅れているとは思えないが、板書が正確にできなかったり、文字を書く宿題にとても時間がかかったりする子がいます。このような子どもに対しては、宿題に時間がかかり、全部きちんとできていなくても、どなったり叱ったりせずに、子どもが何に困っているのかをいっしょに見つけることをお勧めします。

大切なことは、**親や教師の指導不足、本人が怠けていて努力が足りないだけなどと、短絡的に原因を決めつけない**ことです。気になるようでしたら、学校での学習のようすや友人関係の状況を観察し、必要があれば前年度の先生に話を聞くのもよいでしょう。

Cくんは、みんなが簡単に書いている文字が書けない、字が汚い、書くのが遅いといった理由で、クラスメートから心ない言葉を言われてセルフエスティームが下がり、学校に行きたくない状態になっているのかもしれません。日頃から「字がすらすら上手に書けないから、自分はバカだ」「頭が悪い」などと自分を責めるなど、やる気スイッチがオフになっていてメンタルに課題があるような場合は、スクールカウンセラーに相談する方法もあります。

読み書き障害が疑われるようであれば、校内の特別支援教育コーディネーターに相談し、校内もしくは地域でアセスメントがどこで受けられるか情報を集め、保護者に状況を話し、アセスメントを受けることを勧めるとよいでしょう。

放課後に個別指導をする方法がすぐに頭に浮かぶかもしれませんが、これが効果的な子もそうでない子もいます。たとえば、**繰り返し書く方法で身につく子もいれば、それでは覚えられない子もいる**のです。よかれと思って特別にサポートし続けても効果がないと、支援者側のストレスやバーンアウトにもつながりますし、何より子ども自身が「自分は繰り返してもだめなんだ、バカだ」と思い込んでしまう可能性もあるので、注意が必要です。

なかには「書くことは嫌いでも、勉強は嫌いではない」という子もいます。書くことを強制された経験や、汚い字だから笑われたことなどがきっかけで勉強嫌いになってしまうのは、なんとしても阻止したいところです。アセスメントをしなくても、**先生の個人的配慮で、宿題をその子に合った分量に減らすことも選択肢に入れましょう。**

ノートをとるのが苦手な場合には、目と手の協調運動が苦手だったり、枠の中に文字が入らない場合は、指先の筋肉が上手に使えていなかったりすることが考えられます。微細運動が上手にできない子どもは、色塗りがきれいにできない、ハサミやコンパスが上手に使えない、リコーダーが吹けないなどの問題も同時に持っていることがあります。保護者や、以前担任した先生などから情報を収集するとよいでしょう。

また、小学校に入学して年々周囲との差が見えてくるのが、軽度の知的な遅れや知的障害の診断名はつかない境界知能といわれる子どもたちです。

小学1年生のときの宿題はなんとかがんばらせればできますが、学年が上がるにつれ、授業の内容がわからなくなり、先生の指示も理解ができずに、宿題の時間が親子ともども苦痛な時間になることがあります。**指示どおりにしない反抗的な子ではなく、もしかしたらその趣旨がわからないの**

かもしれないという視点での支援が重要です。

軽度の知的な遅れや境界知能を疑っても、親が小学校低学年までにその事実を受け入れることはとてもむずかしいでしょう。できることもそれなりにあるので、そのうちによくなると楽観的に思いたい、子どもを信じたいと思う気持ちが募るものです。しかし、ここで「**繰り返しやれば大丈夫**」「**宿題を完ぺきにやらせることこそが親の役目**」**と勘違いしてしまうと、二次障害が出てきたり、教育虐待につながったりすることもある**ので注意が必要です。

ポイント

- **宿題ができていないときはすぐに本人や親を責めるのではなく、宿題の量や質を検討する**
- **書字や音読に課題がある場合は学習障害の可能性をチェックして、適切な支援をする**
- **書字に課題があり、ハサミや楽器などを使うのがむずかしい場合は、発達性協調運動症の可能性をチェックして、適切な支援をする**
- **宿題をやらせるときに教育虐待の状態になっていないか確認する**

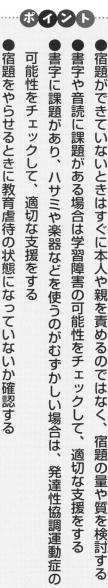

プラス解説

教育虐待とは？

書字に課題のある子どものケースでは、学習症（LD）や発達性協調運動症（DCD）の可能性がある場合があります。また、「愛のムチ」という名の教育虐待になっていることもあります。それぞれのサポート法について説明します。

読むことに困難のある場合

漢字だけではなく、低学年のときに、「きって」が「きて」になるなど、促音が正確に書けないなどのエピソードがなかったか、親や前年度の先生に確認するとよいでしょう。書くことだけではなく、読むことにも困難を感じる子どもたちもいます。最近では、各都道府県の教育センターで、読み書き障害に関する資料や教授法なども紹介しているので、検索してみるとよいでしょう。

また、飛ばし読みをしたり、中学年以上になっても鏡文字を書いたりするようであれば、オプトメトリスト（視能訓練士）に眼球運動のアセスメントをしてもらいトレーニングをすると改善することもあります。

えじそんくらぶの小冊子『ちゃんと見えているかな？――視覚の専門家オプトメトリストからのメッセージ』（著／北出勝也）には、簡単なチェックリストとトレーニング法が紹介されていますので、活用してみてください。

地域のサポートを確認する

あまりにも読むことに時間がかかる場合は、音声教材を使って学ぶことが可能な自治体もあります。現在すべての検定教科書は音声教材が無料で手に入ります（https://www.mext.go.jp/a_menu/shotou/kyoukasho/1374019.htm）。

自分の地域でどのようなアセスメント、サポートがあるかを確認しておきましょう。特別支援学級の先生や特別支援学校の先生、特別支援教育士の資格を持った方が、アセスメントをして具体的な対処法を教えてくれることもあります。まずはひとりでがんばらずに、専門知識を持っている人と連携しましょう。

宿題ができていない子どもの理由はいろいろで、ケース９のように学習症が疑われる子どももいます。その場合は、専門家の力を借りることが必要なケースあります。支援者は基本的な知識を身につけ、必要に応じて、専門家にアセスメントをしてもらうようにするとよいでしょう。

保護者と連携するときの注意点

アセスメントや特別な支援は、保護者の協力がないとできません。情報を収集した後はしっかり保護者の思いを聞き、子どもの学びに合った学習機会の保障という共通目標を持ち、アセスメントや特別な支援を提案する形で、けっして押しつけることのないように注意しましょう。

「子どものためだから」と保護者の理解が十分でないまま推し進めると、「絶対に検査や特別支援は受けません！」と親が頑なになって子どもへの教育虐待がひどくなることもあります。また、クラスメイトと違う宿題や課題、ｉＰａｄの使用などの特別支援を受けることで、いじめにつながり、完全な不登校になってしまう危険性もあるので注意が必要です。特別支援を導入する場合は、まず違いを認め合うクラスづくりをすることが先決になってきます。

教育虐待の可能性もチェック

Ｉくんのケースでは、父親は「ほうっておけばいい」と考えていますが、逆に「なんでこんなこともできないんだ」と人格を否定するような言葉かけが続いたり、エスカレートして暴力をふるいながら宿題をさせたりする教育虐待になっている場合もありますので、家庭のようすを聞いてみましょう。親は子どもの将来のための「愛のムチ」と思い、正しいことをしていると考えている可能性もあります。

とりわけ軽度の知的障害や学習症なら、特訓させればとくに低学年のうちは一時的にできるので、無理な指導を繰り返す傾向が見られます。しかし１５０％の努力で一時的にできたとしても、年々覚える量が増えてむずかしくなってくると、気合や努力だけでは宿題が終わらなくなってしまうでしょう。

このような場合は、専門家によるアセスメントが必要です。知的障害や学習症、手先の不器用さがあるとわかったことで、教育虐待が止まり支援につながったケースもあります。

■参考になる情報

◎教育虐待に関して

▼厚生労働省　子どもを健《すこ》やかに育むために　愛の鞭《ムチ》ゼロ作戦
https://www.mhlw.go.jp/file/05-Shingikai-11901000-Koyoukintoujidoukateikyoku-Soumuka/sanokou2.pdf

◎学習症の対応に関して

▼文部科学省　魔法のプロジェクト（ＩＣＴを使った支援プログラム）

▼国立成育医療研究センターのホームページ（Ｔ式ひらがな音読支援など）

◎発達性協調運動症の対応に関して

▼日本ＤＣＤ学会　http://dcdjapan.main.jp/

■DCD（発達性協調運動症）の主な特徴

発達性協調運動症は、一言で言えば極端な不器用です。

不器用さには以下の2種類があります。

◎手先の動きのぎこちなさ（微細運動）

よく物を落とす

物をつかむ、ハサミや刃物を使うことがうまくできない

描画や文字を書くときにマス目に入らない、まとまりがつかない

楽器の演奏がむずかしい（リコーダーの穴をふさげないなど）

書道や描画の際に墨や絵の具の扱いがうまくできない

◎全身の動きとの協調のぎこちなさ（粗大運動）

運動技能（自転車に乗る、スポーツなどが苦手）

座る、はう、歩く、走るがぎこちない

体育の鉄棒、マット運動、球技などがうまくできない

■ＬＤ（学習症）の主な特徴

◎読字症（ディスレクシア）…読みの困難
音読がスムーズでない、文字の読み間違いが多い、行を飛ばして読むことがある

◎書字表出症（ディスグラフィア）…書きの困難
漢字がなかなか覚えられない、「きて」と「きって」（促音）の区別ができない、「きゃ」「きゅ」「きょ」など（拗音）を正しく書くことができない、マスの中に字が入らないことがある、鏡文字を書くことがある

◎算数症（ディスカリキュリア）…算数、推論の困難
算数の計算が極端にできない、数の概念がわからない、推論することがむずかしい

case 4

相手の気持ちがわからない？

人のいやがることを平気で言ってしまうDさん

親子のようす

とても人なつこくだれにでも話しかけるが、「おじさん、髪の毛ないのね？」「おばさん、変な服だね」など、相手のいやがるようなことを平気で言ってしまう。親は、「まだ小さいので、大人は笑って許してくれる。でも、この前友だちに『バカじゃないの』と言って、このままだと、友だちもいなくなってしまうのではないか」と心配している。

対応のヒント

保護者はＤさんに「相手のことを考えて話をする」ようになってほしいと願っていますが、いまのＤさんは、思いついたことをすぐ言葉にしてしまいます。本人はまったくそれを悪いことと思っていないので、「そんなことを言ったらだめ」と言われても、なぜだめなのかわからず、「なぜかいつも怒られる」としか思っていないでしょう。

相手の気持ちを理解するためには、まず**その子が「いやな気持ち」がどんな感情かをわかっているのか確認**が必要です。たとえば、友だちにいやなことを言われたとき、「（傷つく言葉を言われて）いやな気持ちになったんだね」というように、そのときの気持ちにピッタリくる感情の名前を伝え、それを認識させる段階が必要です。

こうして感情に言葉をつけ、「いやな気持ち」を実感して理解できたら、今度は、それを相手の気持ちに置き換える段階になります。たとえば、Ｄさんが「バカじゃないの」と言って相手が泣いてしまったとき、「○○ちゃんは、いやなことを言われて悲しかったんだね」などと、Ｄさんが体験を通して感じた「いやな気持ち」とつながるように伝えると、少しずつ理解できるようになっていきます。

さらに、もっと具体的に知らせるとしたら、**「保護者自身が言われていやだったこと」を、ていねいに伝えるとよい**かもしれません。「お母さん変な顔って言われたら、お母さんはいやだった。もう言わないで」といった感じです。Ｄさんが、「どうして？」と聞いてきたら**相手が「いや」と言っ**

たらやめることをルールと決めてもよいでしょう。理由を説明しようとすると、長くなったりTPO次第で複雑になったりして、理解できないからです。

「髪の毛がない」「服が変」といった言葉のときは、まず保護者が相手に謝ります。「見た目について意見を言われたことで、いやな気持ちになる」というのは、子どもには実感しにくい内容かもしれません。実例を挙げて伝えようとしても、自分の思いに置き換えることがむずかしい子もいます。この場合は、「○○は大人に言ってはいけない言葉」「相手の体のことは言わない」というように、ひとつのルールとして伝えるのがよいでしょう。子どもによっては、保護者が謝る姿を見て、「これは言っちゃだめなんだ」とわかる場合もあります。

また、言葉の理解力がある子どもは、「それは心の中だけの言葉、声のボリューム0だよ。思っても言ってはだめ」という言いかたでも、わかるかもしれません。こうした表現が理解できるようなら、子どもの発言に対して、大人が「それは心の言葉」「これは相手に言ってもいい言葉」と分けるようにすると、少しずつその違いがわかってきます。そしてしだいに、自分で考えるようになり、「○○は、言っていいの?」と確認してくることもあります。

ポイント

- ◉自分の「いやな気持ち」を相手の気持ちに置き換えられるような関わりを
- ◉相手の感情や状況の理解がむずかしいときは、「○○は言いません」と、ルールとして伝える

プラス解説

伝わりにくい言葉

「子どもが言うことを聞かない」と悩むケースの中には、子どもが大人の言葉を理解していないことが原因になっている場合が意外と多いようです。どんな言葉が伝わりにくいのか、具体例を挙げながら解説します。

言うことを「聞かない」のではなく、言い方があいまいで「わからない」

「この子は何度言っても、まったく言うことを聞かない」と思ったとき、その子どもに対してどんな言葉をかけているか、振り返ってみるとよいかもしれません。

というのも、大人が自然にかけている言葉の中には、子どもに伝わりにくい言葉が意外に多く、耳に入ったとしても理解していないことがあるからです。言葉自体が理解されていなければ、何度言っても互いにストレスになるばかりです。

では、どんな言葉が伝わりにくいのか、またどのようにしたら伝わるのかを考えてみましょう。

なお、子どもの発達のスピードはそれぞれ違い、とくに幼児期は、言語面の認知に関して、個人差が大きい時期です。次ページから紹介する具体例を参考にしつつも、一人ひとりの発達段階を把握し、「その子どもによりわかりやすい言葉を」と、つねに意識していくことが大切です。

■指示語がわからない

「それ取って」「これ片付けて」など、つい使ってしまうが、「これ」「それ」「あれ」「どれ」といったいわゆる「こそあど」言葉は、子どもにとってはわかりにくい。

「おもちゃを箱に入れて」「お皿を取って」など、目的語を対象の名前に変える。また、「車のおもちゃ」「黄色いお皿」など、より細かく説明したり、その行為を大人がやってみせたりしながら言うなど、子どもの理解度に合わせて、より伝わりやすい工夫をするとよい。

× これ片付けて

↓

○ おもちゃを黄色い箱に入れて

■抽象的な言葉がわからない

「大切に使って」「仲よくしなさい」……これらもよく子どもに言ってしまうが、抽象的でわかりにくい言葉。

「本は破らないで」など、具体的に伝える。ただ、このような抽象的な言葉も、少しずつわかるように伝えていく必要がある。たとえば子どもが本を破っているときに「絵本は大切にしなさい」と言っても、大切にすることが破ることとどうつながっているのか、自分はどうすればよいのかがわからない。ページをそっとめくっているときに、「絵本を大切にしてえらいね」などと、言葉をかけていくようにするとよい。

✕ 本は大切に使って
↓
○ 本は破らないで

■省略するとわからない

「早くしなさい」「行ってきなさい」といった言葉は、目的語などが省略されているため、何を早くどうするのか、どこに行くのか、わからない。

「ごはんを早く食べよう」「トイレに行ってこよう」など、何をどうするのかを、省略せずに具体的に言う。なお、「早く」「ゆっくり」などの主観的な時間感覚や、「少し」「たくさん」などの「程度」を表す言葉も、伝わりにくいことがある。数字で示す、分量が目で見てわかるなどの工夫も考えるとよい。「おちゃわんに半分」「3回まで」など。

✕ 早くしなさい
↓
○ 時計の針が10になるまでにおわらせよう

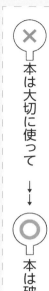

■ほんとうの思いと言葉にギャップがある（ダブルバインド）

大人はよく「かってにしなさい」と言い、ほんとうにかってにすると怒ることがある。これでは、「かってにしなさい」と「かってにするな」という相反する2つのメッセージを同時に送っていることとなり、これを人類学者グレゴリー・ベイトソンが「ダブルバインド（板ばさみ）」と呼んだ。さらに「好きにしなさい」と言うと同時に「怖い顔」という否定的なメッセージを与えたり、少し時間をおいて「そんなことはするんじゃない」と、さっき言ったことを撤回するようなことを言われたりすると、子どもは混乱する。

ほんとうにしてほしいことを、「○○してね」などとシンプルに伝える。皮肉は言わない。「状況を把握して相手の思いを察する」ことができるようになると、「人は感情的になると『かってにしろ』と言うが、それは本心ではない」と理解できてくる。しかし、幼児や低学年では、まだそこまでわからない子もいるので注意が必要。

✕ かってにしなさい → ◯ ○○してね（笑顔で）

■一度に多くのことを言われるとわからない

「Aやって Bやって、それから Cやってね」など、指示がたくさんあり長いと、子どもにはわかりにくい。

作業記憶（ワーキングメモリー）という、作業をするために指示の内容を正確に覚える記憶力が弱い子どもがいる。指示は一つひとつ短めに、ひとつできたら次の指示を出すようにしたり、カードややることリストなどの視覚的な方法で伝えるとわかりやすい。

case 5

人との関わりがわからない？

暴言・暴力が激しいEくん

親子のようす

最近引っ越ししてきたEくんは、初めて会った人に「バーカ」と言ったり、「うぜー」「死ね」と暴言を吐いたり、物をぶつけたりする。支援者に対しても同様で、叱ると、よけいに暴言・暴力が激しくなる。転校前も、ほかの子への暴力が目立ったため、保護者は、担当支援者から「家庭でもきちんとしつけてほしい」と言われ続けてきた。両親は、叱っても言うことを聞かないEくんにどうしてよいかわからない、と悩んでいる。

対応のヒント

子どもの暴言・暴力があったときに大切なのは、「そういう言動になるのはなぜだろう？」と考えて関わることです。Eくんは、人と関わりたい気持ちはあるものの、人に何か言われると素直に聞けないようです。また、やることがわからない、気持ちをわかってもらえないなど、不安や怒りがあるとイライラする子どももいます。

暴言・暴力は、一般的にその子のわがままや、親のしつけが悪いからだと考えられやすいのですが、**その子が持っている発達障害の特性と環境が合わずに、本人が自己コントロールできない状態**かもしれません。このようなときにどうしたらよいか、保護者とともに考えるきっかけを作るとよいでしょう。

そのためにまず大切なのは、21ページのマズローの欲求の階層のチェックなのです。がまんの練習や、自己の気づきと行動のトレーニングをするためには、まず保護者と連携して、前日の睡眠状態や当日の朝食を確認しましょう。わたしたち大人も同じですが、寝不足や、朝食を抜いていて低血糖状態だと、自己コントロールがむずかしくなります。

また、**何か不安なことがあると、何かを学ぶという気持ちにはとてもなれません。さらに感覚過敏があると、安全の欲求が満たされず、恐怖心が暴言・暴力のような形で表現されることもあります。**

1　基本の心身のチェック

ペアレントトレーニングなどでは、子どもの行動の分類（好ましい行動と好ましくない行動など）をしますが、実はその前に、子どもや親の心身のストレス状態に注目する必要があります。具体的には、28ページのチェックリストを参考にマズローの欲求の階層をチェックすることをお勧めします。とくに、日によって状態がかなり異なるという場合は、保護者と情報を共有しましょう。

❶十分な睡眠はとれているか

睡眠障害に当てはまるレベルでなくても、保護者のライフスタイルに合わせて寝る時間が遅くなったり、何か不安なことがあって熟睡できなかったりする子どもがいます。

❷朝食は食べているか

朝食をきちんととっていないと、低血糖状態になり、アドレナリンが体内で放出され、多動・興奮状態になることがあります。

❸安全の欲求が満たされているか

友だちからいじめられていたり、親の虐待があったり、学校に行ってもやることがむずかしくてわからなかったりする、ということはないでしょうか？　不安の内容は子どもによってそれぞれ違うので、細かく情報を収集してみましょう。

❹感覚がデリケートではないか

感覚過敏がある場合、生命に危険があると脳が判断して、自己コントロール力を発揮できず、ストレス反応を示しやすくなります。それが暴言や暴力につながってしまう可能性もあります。感覚過敏からくる偏食の場合、初めは無理にすべてを食べさせるような指導はせず、スモールステップで時間をかけるようにしましょう。とくに保護者に理由を説明しながら「朝は偏食のトレーニングは避けて、別のタイミングでお願いできますか」とアドバイスするとよいでしょう。そうしないと朝食時のストレスからの切り替えができず、学校でも暴言・暴力という形でストレス反応が続く場合があります。

2　子どもの行動分析と整理

子どもの日常の行動を思い浮かべ、それらがどういう行動かを分析して整理することで、見かたが変わったり、適切な関わりかたが見えてきたりします。次のような視点で行ってみましょう。

まずは、子どもの「好ましい行動」に注目します。そして、子どもがそのような行動をしたときに、ほめる・認めるなどの対応を行っているか、大人側の関わりも振り返りましょう。そして次に、子どもの「好ましくない行動」を考え、２つに分類します。

好ましくない行動

❶**すぐ止めるべき行動**
相手を傷つける・自分を傷つける・公共物を壊すなど
❷**それほど緊急性のない行動**
暴言・泣き続ける・机の上に乗る・なんでも触るなど

❶は、体を使ってでも止め、❷はあえて言葉をかけず、よい行動が出るまで待ちます。そのとき重要なのは、子どもの好ましくない行動に注目しないということです。ここでいう注目とは、その子のほうを見て「やめなさい！」と声をかけるなどの反応のことを指します。なぜなら、好ましくない行動のときに注目されると、注目されたくてその行動が増えるからです。そしてよい行動が見られたら、すぐにほめるなどのプラスの注目をする――これが基本的な対応です。

このように、行動を分析したうえでの関わりで子どものようすが変わってくると、しだいに保護者も子育てに自信が持てるようになってきます。

ポイント

- ◉**マズローの欲求の階層が満たされているかチェックする**
- ◉**「暴言・暴力でしか感情を表せないのはなぜか」と考える**
- ◉**すぐ止めるべき行動と、それほど緊急性のない行動を分けて対応する**

プラス解説

行動分析から対応を考えよう

ケース5では、子どもの行動を分析し、対応を検討する方法を紹介しました。ここでは、その行動のとらえかたと対応について、もう少し詳しく考えていきましょう。

よい行動に注目することから

子どもが気になる行動を示したとき、大人は、「どうしたらその行動が改まるか」と考えます。そして、叱る、言い聞かせる、といった方法で、なんとかわからせようと一生懸命になります。しかし、子育てにおいて大切にしたいのは、マイナス面よりプラス面。まずは、子どものよいところに注目することを考えてみましょう。

育てにくい子を持つ保護者は、よく「うちの子はほめるところがない」と言います。ほめることは**何か特別なことではなく、ひとりで起きた、自分で靴を履いた、というように、ささいな事がら**で十分です。

子どもは、「何がよい行動か」が自分ではわからないときがあるので、プラスの注目は、「よい行動は何かを具体的に理解し、その行動を増やす」ためにも、とても大切なのです。また、**ほほ笑んだり頭をなでたりするなど、言葉以外のメッセージを送るのでも十分。**幼児期・学童期にこのような「肯定的な体験」を増やしておくことで、セルフエスティームも高まります。

ただ、年齢が上がるにつれ、「ほめること」だけでは不十分になってきます。その子どもの年齢や性格、そのときの状況や思いなど、さまざまなことを考え「認められている」という自信につながる関わりが必要です。また、ほめかたによっては逆効果になることもあります。次の3つのポイントに注意しましょう。

●ほめるときのポイント

◎結果ではなくプロセスをほめる

「かけっこで1番になったの、すごいね」→ 結果をほめる
「毎日一生懸命練習したから、速く走れるようになったんだね。がんばったね」→ プロセスをほめる

この「プロセスに注目する」ことは、年齢が上がるにつれてとくに大切になってきます。**何かに失敗したときでも、過程における努力や前向きな行動を周囲に認められる**ことで、本人のセルフエスティームは下がらずにすみます。また、ある程度年齢が上がってくると、評価ばかりを気にして不安になったり、ほめられてもあまり喜びを感じられなくなったりすることもあります。「がんばった」という実感があることで認められたほうが自信になりやすく、セルフエスティームも高まるのです。

また**結果が出る前にほめられる点も**大事なポイントです。
そう考えると、周囲の大人は、子どもがどんなふうに取り組んだか、その過程をしっかり把握しておくことが大切でしょう。

◎皮肉を言わない

子どもがよい行動を示したとき、「珍しいね、雪が降るんじゃない？」「いつも、こうだったらいいのに」というような皮肉めいた言葉をかけると、せっかくほめられても、子どもは素直に喜べません。そのような声かけはプラスどころかマイナスになります。何がよかったのかを、シンプルに伝えるようにしましょう。

◎他人と比較しない

「Aちゃんよりうまくできたね」というように、友だちやきょうだいなど、ほかの子と比較してほめることはやめましょう。比較された人が目の前にいる場合、その子のセルフエスティームが下がります。また、ほめられた本人にとっても、決してプラスではありません。なぜなら、「他人と比べて自分を評価する」という感覚が身につくと、自分が失敗したとき、「ほかの子より自分は劣っている。自分はだめだ」といった思いに陥りやすく、セルフエスティームの低下につながってしまうからです。とくに、一生付き合うことになるきょうだいと比べることは、絶対に避けてください。

比較するなら、本人の少し前の状態と比べてほめるようにしましょう。たとえば、着替えのときに、

「3歳のときは、お母さんが手伝ってたけど、いまは全部ひとりでできるようになったね。すごいね」というようなことです。

好ましくない行動への対応

子どもはいつも好ましい行動ばかりするわけではありません。好ましくない行動の中でも「それほど緊急性のない行動」への対応は、「あえて言葉をかけず、よい行動が出るまで待つ」のが基本ですが、その後の関わりかたも含めたさまざまな対応を挙げてみました。子どもの行動の内容や状況に照らし合わせて考えてみてください。

●好ましくない行動への対応のポイント

◎視点を変えて見直す

まず、その行動がほんとうに好ましくないことか、確認します。49ページで示したように、「聞こえていない」「わからない」「うっかり」「わざと」という子ども側の視点で行動を見直すのも、ひとつの方法です。

また、時として世間体や保護者の価値観で「好ましくない」と決めつけていることがあります。**見**

かたを変えることで保護者自身が、「叱るほどのことではない」と気づくことが大切です。

◎すぐに関わらずに見守る

絶対にやめさせなければいけない行動でなければ、すぐに声をかけたりせずに見守るのが基本です。そして、少しでもよい行動が見られたら、すぐにほめます。そうすることで、何がよくて、何がよくない行動なのか、子どもが自分で気づく練習にもなります。

◎近くで静かに話す

注意が必要なときも、大声を出したり感情的になったりしないように気をつけましょう。また、何かしながら片手間にではなく、しっかりと子どもに向き合い、静かに話します。そうすることで、子どもには「自分に話をしている」ということが伝わり、話を聞く態勢も整います。

◎わかりやすく、繰り返し伝える

くどくどと話しても、小さい子どもにはすべてを理解することはむずかしいでしょう。また、子どもによっては、あいまいな言葉や表情などを受け取りにくいこともあります。伝えたいことは、「○○しようね」と、簡潔な言葉で繰り返し言うようにしましょう。

◎肯定形で伝える

× 「走らないで」→ ○ 「歩こうね」

× 「それは開けちゃだめ」→ ○ 「そのままにしておいてね」

◎選択肢を与える

好ましくない行動を、よい行動に転換させるという関わりも大切です。このとき、「〇〇にする?」「△△にする?」というように子どもに選択肢を出し、どちらかに決めてもらうとよいでしょう。すると、子どもの意識としては、指示されたのではなく、自分で選んだことになります。しだいに選択肢を出されなくても、自分でどうしたらよいのかを考える力がついていきます。

◎予告する(ルールの確認)

いつも同じような行動を繰り返す場合、どのような状況になると、その行動が現れるか、といったパターンがわかってきます。

その場合は、「スーパーではどうする?」「おやつの前には、何をするんだっけ?」というように、事前に確認をします。そうすることで、ルールを思い出し、やりたいけどがまんするなど、自分をコントロールする力が少しずつついていきます。

◎人格を否定しない

年齢が低いほど、「そんな子はママの子じゃありません」というように叱られると、「自分は嫌われている」と思いがちです。注意をするときは存在と行動を分けて、「あなた自身が悪いのではなく、あなたのしたこの行動が悪い」というメッセージをしっかり伝えましょう。「あなたは何をやってもだめね」といった、人格を否定するような言葉も禁物です。

「ほめる」「注意する」といった対応は、信頼関係ができていて初めて成り立つものです。なぜなら、子どもは信頼している相手だからこそ、ほめられるとうれしくて、またほめてもらえるようにと、その行動を繰り返すからです。

ただ、その思いがマイナスに働くこともあります。大人に注目されたいと思ったとき、確実に振り向いてもらえる行動――大人が「やめさせなければ」と思う行動を「意図的に」してしまうことがあるのです。親子の信頼関係がうまく築かれていないと、このような好ましくない行動がエスカレートしていく心配があります。

そういう場合、好ましくない行動には注目せず、よい行動を見つけてほめることが必要です。子どもには、「よい行動で注目される」という経験が大切なのです。また、いい子にならなければと、**ストレスになるほどがんばってしまう「過剰適応」にならないように気をつける**ことも大切になります。「がんばったけどうまくいかない」のはよくあることです。「がんばったプロセス」に注目してプラスの声かけをしましょう。

やってみよう！

子どもの行動分析と整理

◎進めかた

懇談会などのグループでも、個人面談でも行うことができるが、基本的に支援者が進行する。

❶わが子の行動について、「好ましい行動」と「好ましくない行動」を挙げてもらい、書き出していく。

＊保護者が子どものよいところを見つけられない場合、支援者が園や学校で見られるその子のよいところを伝えてみる。

❷ひととおり挙がったところで見直し。「好ましくない行動」に注目し、「すぐ止めるべき行動」と「それほど緊急性のない行動」とに分ける。

＊分類に迷ったり、わからなかったりする場合は、支援者がフォローしていく。

＊「好ましくない行動」が、実は保護者の世間体や固定観念による分類になっているのではないかと気づくように支援する。

❸「緊急性はないが好ましくない行動」について、「見かたを変えることで、気にならない行動、あるいは好ましい行動に変換しないか」と見直してみる。これは保護者だけで行うのはむずかしいので、支援者がきっかけを提供するとよい。

たとえば、

＊「好ましくない行動」の原因を、子ども側に立って「聞こえていない」「わからない」「うっかり」「わざと」に分類してみる。→子どもの思いを知ることで、とらえかたが変わったり、適切な関わりかたが見えてきたりする（49ページ参照）。

＊「好ましくない行動」を違った方向から考えてとらえ直し、言い換えができないか検討する。

そのほか、

❶で挙げられた「好ましい行動」をもとに、どのように対応するか（したか）、ほめかた、認めかたを出し、検討していく。

❷の分類の後、「好ましくない行動には注目しない」といった、関わりかたのポイントを検討する。このように、さまざまな形で、子どもの見かたや関わりかたを深めていくことができます。その際、「ほめるときのポイント」「好ましくない行動への対応のポイント」（98～１０１ページ）を参考にしてみてください。

こうして子どもの行動を見直して整理するだけで「好ましくない行動」が減り、「案外うちの子、いい子かも」と思うようになる保護者も多いようです。

好ましい行動、好ましくない行動

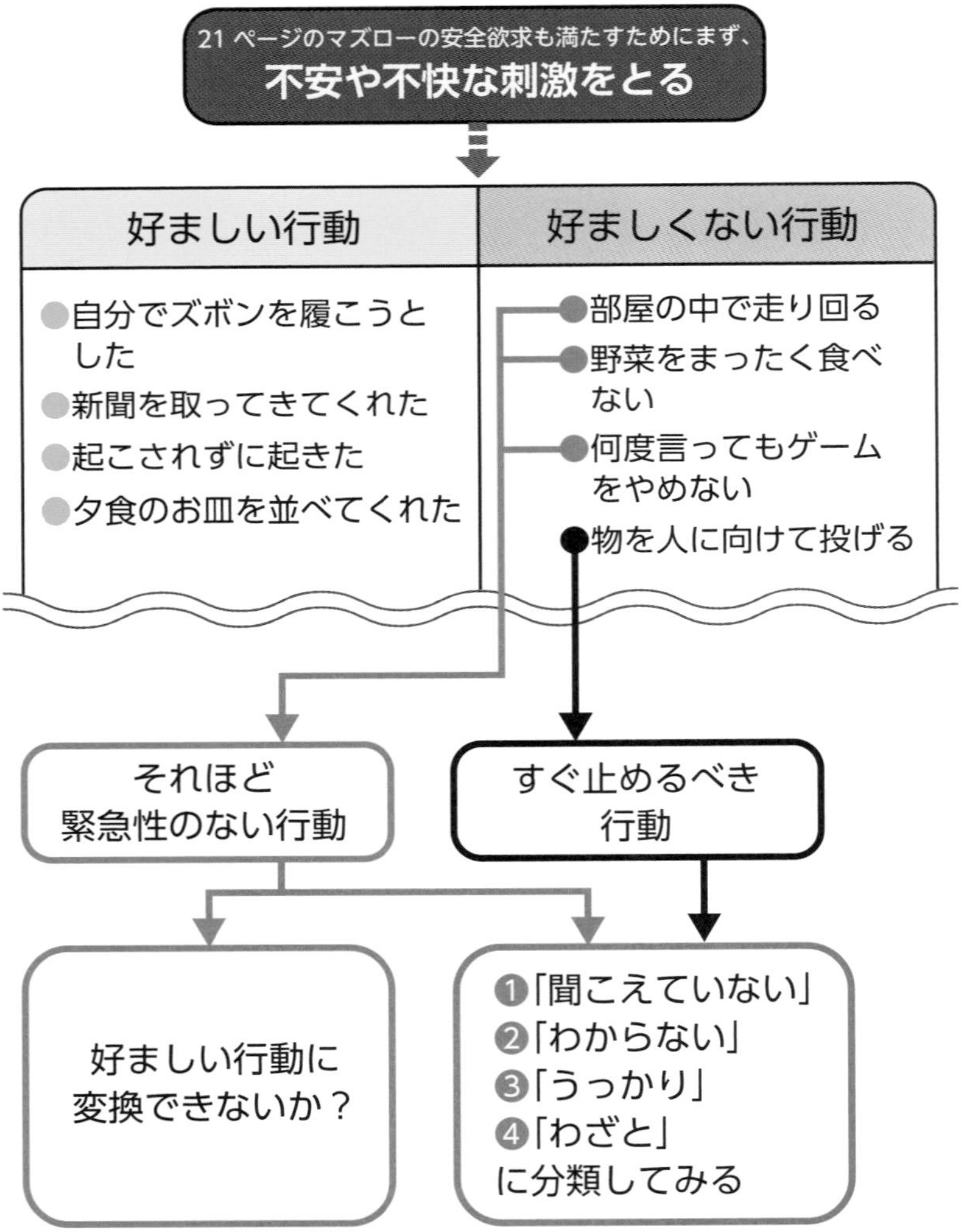
21ページのマズローの安全欲求も満たすためにまず、
不安や不快な刺激をとる
好ましい行動
好ましくない行動
自分でズボンを履こうとした
新聞を取ってきてくれた
起こされずに起きた
夕食のお皿を並べてくれた
部屋の中で走り回る
野菜をまったく食べない
何度言ってもゲームをやめない
物を人に向けて投げる
それほど緊急性のない行動
すぐ止めるべき行動
好ましい行動に変換できないか？
❶「聞こえていない」
❷「わからない」
❸「うっかり」
❹「わざと」
に分類してみる

また、好ましくない行動の多くが「十分な睡眠がとれていない」という原因からきていることもあります。たくさんの習い事で睡眠不足になっていないか、ブルーライトの見すぎで睡眠の質が低下していないかというチェックも大切です。

ポイント

◉そのときのメンバーや状況を考慮して、進めかたは自由にアレンジする

◉「好ましくない行動も、見かたを変えることで好ましい行動に変換できる」という実感を持てるようにする

＊参考文献

『読んで学べるＡＤＨＤのペアレントトレーニング―むずかしい子にやさしい子育て』著／シンシア・ウィッタム　訳／上林靖子、中田洋二郎、藤井和子、井潤知美、北道子（明石書店、２００２）

case 6

うっかり？
忘れて、気にしない

ひんぱんに忘れ物があっても気にしないFくん

親子のようす

Fくんは、明るい性格でいつもにこにこ。会話もじょうずで、だれとでもすぐ打ち解けられる。ただ、なんでもすぐに忘れてしまい、学校のおたよりを持ち帰るのをひんぱんに忘れたり、「ケースの中に入れてね」と言ったものが、机の上に置きっぱなしになっていたりする。大人に注意されても「あっ、忘れてた〜」と、まったく反省するようすはない。

対応のヒント

明るく元気なFくんに「あっ、忘れてた」と笑顔で言われたら、つい許してしまうような、とても愛嬌のある子なのでしょう。ただ、今後のことを考えると、「人の話を意識して聞くこと」と「忘れずに行動すること」を練習しておいたほうがよいかもしれません。

「何やってるの、また忘れて！」と言われると、子どもには「怒られた」といういやな気持ちだけが残ってしまいます。そしてこれが何度も続き、叱られ続けると、セルフエスティームの低下にもつながります。その悪循環を断つためにはまず、**自分で気づけるような言葉をかける**ことが大切です。

たとえば、言われたことを忘れて違うことをしているとき、「Fくん」と名前を呼ぶだけでも、ハッとして、「あっそうだ、いまは、◯◯しようと思っていたんだ」と気づくことがあります。

声かけ以外にも、タイマーを使う方法もあります。最初は、保護者といっしょにタイマーをセットしながら、「5時に△△をするんだよね」と言葉で確認し、タイマーが鳴ったときには、保護者が「5時になった？」「何をする時間？」などと尋ねます。これによって、徐々に意識して行動できるようになってきます。また、毎日決まったことであれば、紙に書いて貼っておくのもよいでしょう。

このように**思い出すしくみを作ることで、自分で気づいて行動することができれば**、子どもは、「忘れなかった」「最後までやり遂げた」という自信と達成感を味わうことができます。そして、保護者の叱る回数は減ってくるでしょう。できたときに保護者は、「忘れないでできたね」とほめることも大切です。

なお、「忘れる」という前に、「伝わっていないかもしれない」という可能性も考えてみてください。大人が伝えたつもりでも、子どもには伝わっていないことが予想以上にあります。子どもに何かを伝えるときは、いまやっていることをやめて自分に注目させてから、というのが基本です。遠くから声をかけて、「はいはい」と答えたとしても、子どもの頭の中には入っていないと思ったほうがよいでしょう。

また気をつけたいのが、保護者がなんでもやってしまうケースです。ほうっておくとやらないから、つい保護者が1から10までやってしまうケースも多いですが、それではいつまでたっても自分で意識するようにはなりません。そのため、支援者は保護者に帰宅したときに「今日はお手紙があるかな？」と言いながら、子どもといっしょにかばんの中身を確認するなど、できることから少しずつ習慣づけていくように伝えるとよいでしょう。

●タイマーの使用について

子どもにもよりますが、タイマーに固執し、それがないと動けなくなってしまうこともあるため、注意が必要です。徐々にタイマー以外の方法を考えると同時に、「○時くらい」といった幅のある時間感覚も教えていきましょう。

たとえば、タイマーで「10時」と言えば、「10時0分」をさしますが、ふつう「10時に出かける」という場合は、前後数分間も含めます。将来的には、そういった時間感覚の理解も必要になってきます。

ポイント

◉思い出すしくみを作り、自分で気づける工夫をする
◉自分で意識して行動できるように習慣づける
◉「忘れる」以前に、大人の言ったことが「伝わっていない」可能性も考えて、子どもを観察する
◉成長にあわせ、まずひとりで持ち物を準備、チェックさせてから、大人が確認する

プラス解説

セルフモニタリング

子どもの成長過程において大切になってくるのが、自分で自分をコントロールする力。そのためには、まず「セルフモニタリング力（自分を客観的に見る力）」が必要です。この力をつけるため、必要なことを考えてみます。

セルフモニタリング力が育ちにくい子ども

ケース6のFくんのように、悪気はなくても、うっかり忘れたり、その場にそぐわない言動をしてしまったりする子どもがいます。これは幼い子どもとしては自然な姿です。こういった子も、成長にしたがって「場を読む力」「セルフモニタリング力」などを身につけ、その場の状況に合わせた言動ができるようになってきます。

たとえば、公的な場所で大きな声を出したとき、ふと周りの視線に気づいて「あ、ここでは大きな声を出してはいけないのかな」と感じ、自分で言動を修正できるといったことです。

しかし、なかには、この「セルフモニタリング力」が育ちにくい子ども、「冷たい視線」「声のトーン」といった非言語の社会的サインを察知しにくい子どもがいます。そして、しばしば場にそぐわない言動を示しては、叱られてしまうのです。このような子どもには、「セルフモニタリング」のしかたをていねいに教えていく必要があるでしょう。

声の大きさを調整できるように

「困った行動」としてよく親が悩むことのひとつが、静かにしなければいけない場で「大声を出す、走り回る、騒ぐ」行動です。とくに大きな声を出すことに関しては、声の大きさを自分で調節できない場合が多いので、そのような子には、声の調節のしかたを具体的に教えるとよいでしょう。

たとえば、声のボリュームを３段階に分けて伝えます。

＊ボリューム０＝声を出さない、話さない（自分の心の中だけで言う）

＊ボリューム１＝ひそひそ話

＊ボリューム２＝近くで会話するくらいの声（実際に声に出してみる）

このように、それぞれ大人が実際に声を出す、スマホで録音するなどのモデルを示しながら教えます。数字がわからなければ、大、中、小の丸や、色をつけた丸など、その子が理解できるもので示して伝えるとよいでしょう。ただ、いまの子どもたちはテレビのリモコンに慣れているので、音と数字は一致しやすいようです。

そして、日常生活の中で、「電車に乗ったらボリューム１」「映画館ではボリューム０」というように伝えていきます。うっかり忘れてしまうことも多いので、なるべく直前に知らせるようにしましょう。

このような関わりを続けていると、うっかり忘れてしゃべってしまったときに、「あ、ボリューム0だった」などと自分で気づけるようになっていきます。セルフモニタリングでは、この「自分で気づく」ことがとても大切。そのためには、子どもの成長に合わせて、すぐ注意をしないなどと大人側の対応も変えていかなければいけません。慣れてくると、話し出したときに大人が「あれ？」と言ったり、表情を変えたりするだけで気づくようになっていきます。

状況も含めて説明する

また、セルフモニタリングは、応用できることが重要です。そのためには、状況を含めて説明することが大切です。

たとえば、大声で騒いでしまったときに、「見てごらん、大きな声を出したからみんながびっくりしているよ」などと言います。これは、まずいまの状況を知り、その場に合わせた言動を考えようという因果関係を言語化する関わりです。こういったことを続けていると、しだいに「場を読む力」が備わってきて、別の場面でも、周囲の状況に合わせて言動を修正できるようになっていきます。

ただ、これは将来的な見通しであって、幼児期にこのようなソーシャルスキルを完ぺきに求める必要はありません。大切なのは、**子どもが自分で気づくために、状況を含めて説明し、どこに手がかりがあるのかを教えていく**ことです。

case 7

わざと？
だだをこねる

だだをこねて、要求を通そうとするGくん

親子のようす

Gくんは、買い物に行くとあちこち走り回り、父親は追いかけるのが大変。また、「○○買って！買ってくれなきゃ帰らない！」と父親の顔を見ながら大泣きするので、周囲の目も気になり、根負けしてつい買ってしまうことが多く、それがパターン化しつつある。しかも、ひとつ買うと、もうひとつ違う物をと要求してきりがなく、毎回、泣き叫ぶGくんを抱きかかえながら店を出るという状況。周りからしつけのできない親だと思われているようで、連れて歩くのがつらい、と父親は悩んでいる。

対応のヒント

思いどおりにいかないことがあると、かんしゃくをおこす・だだをこねて手がつけられなくなるという場合、まず必要なのは、気持ちの切り替えです。「**いまやっていることの先にこんなことがあるよ」と見通しを伝える**ことで、Gくんが気持ちを切り替えられるようにするとよいでしょう。

具体的には、次のように保護者にアドバイスします。

❶出かける前に確認をする

「お肉と牛乳を買いに××スーパーに行きます。お肉と牛乳を買ったら帰ってきます。帰ってきたらテレビを見ようね」と、どこに何を買いに行くのか、帰ってきたら何をするのかという見通しが持てる言葉かけをする。

❷役割を作り、できたらプラスの注目をする

店内では、Gくんに買う物をかごに入れてもらい、きちんとできたときや買い物中、静かにしているときに「ちゃんと買い物ができてえらいね」とほめたり、にっこりほほ笑んだりする。

❸帰る前に再確認をする

店を出るときに、「おうちに帰ってテレビを見ようね」と、帰ってからの見通しを再度伝え、帰ったら、約束していたことを行う。

また、たまに買い物リストにGくんのおやつも入れておき、いつも好きな物が買えるわけではないが、「買ってもらえるときもある」という楽しみを作るのもよいでしょう。その場合も、事前に伝えておくようにします。Gくんがだだをこねてから買っていると、「泣けば望みがかなう」ということがパターン化してしまいます。買い物のたびに激しく泣き叫ばれると、周囲の視線も気になってつい根負けしてしまいそうですが、保護者は、子どもに「今日は買いません」、周りには「約束を学ばせています」と毅然とした態度を貫くことが大切です。

ただ、対応の過程で忘れてはいけないのは、「お母さん・お父さんは、あなたのことが嫌いなわけではない」と伝えることです。**「あなたのことはとても好きだけど、ルールは守らなくてはいけない」というように、人格と行動を分けて考え、**それを子どもが理解できるように話すことがとても重要です。

❷の役割については、やることがなくなったとき、思い出したようにだだをこねる場合があります。たとえば、カートを押したり、かごに品物を入れたりしている間はよいものの、レジに着いたとたん騒ぎ出すというようなケースです。そんなときは、「レジに来たら子どもにお金を渡し、払ってもらう」というように新たな役割を追加していくのもよいでしょう。

こうして、考えた対応によって表れる子どもの姿で、また次の対応を考える……というように、保護者といっしょに試行錯誤していくとよいでしょう。だだこねは、落ち着くまでに少し時間がかかるため、保護者がつらくなるときがあります。**対応がうまくいったとき、支援者が「Gくんもがんばったけど、お父さんが根気強く関わったことで、うまくいったのですね」と保護者にねぎらいの言葉をかける**ことも大事です。

ポイント

- ◉**事前の確認で見通しが持てるようにする**
- ◉**よい行動で認められる経験を重ねる**
- ◉**泣けば望みがかなうということをパターン化しない**
- ◉**人格と行動を分けて考える**

case 8
不安からわざと？気になる行動

忙しいときに限って、困らせる行動を示すHちゃん

親子のようす

Hちゃんは活発に見えるが、不安や緊張が強いときや母親といっしょのとき、とくに動きが多くなる。

母親が迎えに来ると走り出し、帰ろうとしないため、母親はいつも怒りながら追いかけている。玄関の外に出ても、石や砂を口に入れたりするので、いつも、抱きかかえられ泣きながら帰ることになる。こういった行動は、必ず母親の顔を見ながら行っている。母親は、「忙しいときに限って困らせるから、ついイライラしてきつく叱ってしまう」と話している。

対応のヒント

このような保護者には、自分がうまく子育てできないことに対するいらだちや後ろめたさのようなものがあり、あまり支援者と話したくないと思っている人も多いようです。まずは保護者の精神面を確認し、落ち込みがひどいようなら、保護者自身のサポートを優先させます。同時に、保護者の対応が虐待などの不適切な関わりにつながるものではないか、といった確認も必要です（190・191ページ）。

それらを確認したうえで、子どものことを考えられる状態だったとしても、すぐに気になることを指摘するのではなく、「Hちゃん、活発なので大変ですよね。お仕事忙しそうですし、ゆっくりできませんよね。お体、変わりありませんか？」など、保護者をねぎらう言葉をかけましょう。

このような関わりを積み重ねるうちに、保護者と支援者との信頼関係が築かれてくると、保護者のほうから相談を持ちかけてくるかもしれません。そのときは、保護者に思う存分話してもらいます。支援者は**保護者の「つらさ」を十分に受け止めたうえで、Hちゃんの姿を見直してみましょう。**

母親がいるときに限って困った行動をとる場合、母親は「うまく対応してくれる支援者の前では落ち着いているけど、自分がうまく関われないせいで、子どもも落ち着かない」と思い込んでしまうことがあります。しかし、「忙しいときに限って困らせる」「母親の顔を見ながら困った行動をとる」といった姿からは、「母親に注目してほしい」というHちゃんの気持ちがうかがえます。

支援者はまず、「Hちゃんは不安や緊張が強い傾向があり、（育てるのに）むずかしいところがあ

ると思う」と伝えたうえで、保護者が一方的に悪いとは言わず、「がんばっているのにうまくいかないのはつらいですね」とねぎらいます。そして、「お母さんが好きで、注目してもらいたいから、困らせるような行動をとってしまうのかもしれませんね」という見解を伝えましょう。

いまのＨちゃんは、困らせることでしか、母親の注目を得られないと思っているところがあります。そこで、「困った行動」ではなく、「よい行動」で母親に注目される経験を積み重ねることが必要です。そのためにも、１日１回でも、Ｈちゃんに対してプラスの注目（ほめる・抱きしめるなど）をすることをお願いしてみましょう。

ほめる内容は、「朝、自分で起きられた」「自分で園や学校に行く準備ができた」など、ちょっとしたことでもよいのです。もし「ほめられるようなことをしない」と言われたら、支援者がＨちゃんのよいところを母親に伝え、「園や学校で○○

したんだって？　がんばったね」とほめるきっかけにしてもらってもよいでしょう。こうして、母親からのプラスの注目を経験すると、子どもはまたプラスの注目を得たいと思い、しだいによい行動が増えてきます。

また、子どもの見捨てられ感や不安を取り除くためには、親子で関わる時間を意識的に持つことが大切です。忙しい中、大変に思うかもしれませんが、**1日10～20分でもよい**のです。ただ、その間は、何かをしながら片手間にではなく、子どもと関わることだけに集中するようにアドバイスします。子どもは、保護者が「自分だけを見てくれている」と実感できると、気持ちが安定してきます。つねに保護者といっしょにいなくても安心できるようになってくるでしょう。とくにきょうだいが生まれたときには、不安感が増すことがあるので気をつけましょう。

ポイント

- **まず、保護者自身の精神面を確認する**
- **「注目してほしい」という子どもの思いを知る**
- **よい行動でプラスの注目をされる経験が必要**
- **親子でしっかり関わる時間を作る**

プラス解説

子どもの薬物療法

薬の服用を検討するとき

ＡＤＨＤには、４種類の薬が処方可能となっています（２０２４年現在）。いずれも適応年齢は６歳以上で、学童期前の子どもには通常処方されません。

ＡＳＤの場合は、中核症状を改善する薬というより、併存や、二次的に起こる睡眠障害、癇癪、パニック、不安症状に対する薬が使われることがあります。こちらも低年齢での処方は、基本的に控える傾向が見られます。

しかし、多動がひどく交通事故にあうリスクがあったり、危険であることがわからず高い所から落ちてケガをしたりするなど、命に関わる危険性がある場合は処方することがあります。また、パニックなどがひどかったり、友だちにケガをさせてしまうなどの状態が見られたり、親が子育てに悩み、自分を責め、疲弊してうつ症状がある場合なども、ドクターの判断で子どもに薬物療法を提案する場合があります。

副作用が出ることもあるため、必要に応じて、ドクターにしっかり説明を聞いて納得してから薬物療法をスタートしましょう。ドクターとゆっくり面談する時間がとれないときには、薬剤師と相談するとよいでしょう。薬によっては指定された薬局のみでしか購入できないので、この分野の薬に詳しい薬剤師に相談するのがお勧めです。

薬物療法に関して、「これですべて解決！」といった過度の期待をしないようにしましょう。それよりも保護者や支援者がまず、しっかり発達障害について学び、子どもの特性を理解し、環境調整をすることが不可欠です。しかし、支援に限界を感じたら、薬物療法も選択肢に入れるという順序で考えてみてください。

親から相談されたとき

基本的に、**薬物治療に関してニュートラルな姿勢で向き合う**ことをお勧めします。「薬物治療には適応年齢があり、効果には個人差があると聞いています。よく医師や薬剤師さんと相談するといいと思います」というように答えるのがよいでしょう。

場合によっては、両親は薬物療法に積極的でも、祖父母が猛反対で家庭内で意見が割れることもあります。薬が有効な子どもには、人生の質を親子で高めるために必要なので、その場合は祖父母にも医師や薬剤師から薬について説明してもらうことを勧めましょう。

支援者のほうから提案する

子どもの薬物治療には、親の同意が必要です。受診も含め、薬物治療に抵抗のある保護者が多いので、基本的にいきなり「薬を飲んだほうがいい」という発言は控えたほうがよいでしょう。しっかり保護者の気持ちを傾聴し、思いに寄り添い、虐待防止などからどうしても必要性を感じたときは、提案してみてもいいかもしれません。

その場合は、「いろいろ手を尽くしているけれど対応がむずかしく、お子さんの事故やケガが心配」、「ご本人もがんばっているけれど、このままだとクラスで自信をなくしそうで……」などと具体的に困難なようすを説明し、子どもに不利な状態であると伝えます。

巡回支援の外部の専門家がいるときには、その先生から伝えてもらう、もしくはその先生の伝言という形でお勧めするとよいでしょう。

薬を有効に使うために

薬物療法の有効性と副作用には、個人差があります。どのような目的で飲んでいる薬で、どのような副作用があるか、保護者からしっかり説明を聞いて、**飲み始めてから子どもの行動や感情に変化があるか、十分に観察する**ことが大切です。薬によってはビタミンCの入っているジュースといっしょに飲むと効果が半減したり、紅茶などのカフェインの入っているものを飲むと薬の作用が強く出て具合が悪くなったりすることがあるので注意しましょう。

頭痛、胃痛といった副作用と思われる症状が出たときは、すぐに保護者と連絡をとることをお勧めします。

保護者の中にも忘れやすい方がいますので、必要に応じて飲み忘れがないか、支援者のサポートが必要です。ある期間飲み続けないと効果が表れない薬や、急にやめると体によくない薬などもありますので、自己判断でやめないように、必要があればアドバイスしましょう。

副作用と効果測定の表を病院から指定される場合もありますが、ない場合は、保護者と相談して次ページの表をコピーして活用してください。24・25ページの睡眠チェック表も同時につけることをお勧めします。

服用している子どもがいるときの園、学校での支援者の注意事項

事前に知らされている副作用以外の症状が出ることもありますので、何か変化があったら、細かく保護者に連絡帳などで伝えるとよいでしょう。

眠気などが副作用として出ると不注意につながるので、ケガにも気をつけましょう。副作用があることが支援者に伝えられていない場合、親に確認し、よく観察しましょう。

薬を服用しているときは、いつもと状態が目に見えて変わる子どももいます。そのときに周囲の子どもたちが、本人を傷つけるような言葉を言わないように注意しておくことも大切です。

また、薬を飲んでいるときだけ、ほめられていると「薬がないときの自分はだめだ」と勘違いする子どももいます。薬を飲み忘れたときや薬が切れてきたときにがんばっているようすが見られたら**「薬を飲んでなくてもがんばっているね」と声をかける**ようにしましょう。

薬を服用しているときは園や学校に行っている時間帯が大半ですので、保護者よりも支援者のほうが実際の副作用や有効性を把握しやすいと思います。副作用や有効性をドクターに報告するのは親なので、日頃からしっかり保護者と連携をとっておきましょう。

服薬前後のチェック表

記入日　　月　　日

記入者氏名＿＿＿＿＿＿＿＿　生年月日＿＿年＿＿月＿＿日　体重＿＿ｋｇ

薬の名前＿＿＿＿＿（ｍｇ）＿＿＿＿＿（ｍｇ）　服薬方法＿＿＿＿＿＿

効果のチェック　（服薬前、服薬後２～３週間）

	観察項目の評価			
観察項目	まったくなし	少しある	ときどきある	頻繁にある
1　休みなく体のどこかが動いている				
2　興奮しやすい、衝動的				
3　ほかの子どもたちにちょっかいを出す				
4　集中力が短い				
5　つねにそわそわしている				
6　やり始めてすぐに集中力がなくなる				
7　すぐにフラストレーションがたまる				
8　よく泣く				
9　機嫌が突然、または急に変わる				
10　かんしゃくをおこす、気分の爆発				
11　しゃべりすぎる				
12　叫ぶ、大声をあげる				

副作用のチェック

	副作用の度合い			
観察項目	まったくなし	少しある	ときどきある	頻繁にある
1　食事の量が減った				
2　体重が減った				
3　寝つきが悪い、眠れない				
4　熟睡できない、悪夢をみる、起きられない				
5　頭痛がする				
6　腹痛、胃痛がある				
7　チックがある *				
8　めまい				
9　発疹、紅斑（肌が赤くまだらになる）				
10　夜尿（おねしょ）				
11　イライラ				
12　不安・緊張が強い				
13　心配性、神経質になる				
14　悲観的で極端に泣く				
15　疲れているように見える				
16　一点を見つめる、ぼーっとしている				
17　誰とも関わろうとしない、社会的ひきこもり				
18　頻脈（脈拍 100 ／分以上）				

＊チック：突然、意思とは関係なく強くまばたきしたり、特定の声を出す、咳払いすることなどを繰り返す症状。

出典　『ボクたちのサポーターになって!! 2　ADHD 薬にできること・できないこと』
編著／田中康雄、高山恵子（えじそんブックレット、2001）

Part
4

保護者をケア・サポートする

ストレスを抱えた保護者をサポートする場合、保護者自身のケアも大切になります。支援者にできることとできないことを、ある程度明確にして、保護者のケアと同時に支援者自身のメンタルケアについても考えましょう。

保護者自身に発達特性があったり、受診や薬に対して不安があったりすることも考えられるので、ひとりで抱え込まず専門家と連携しましょう。

保護者が変わると、子どもが変わる

子どもの支援者に保護者支援の話をすると、「子どもへの対応だけでも大変なのに、そのうえ保護者のサポートまで考えられません」と言われることがあります。たしかにいま、子育て支援、幼保小連携、地域他業種連携、合理的配慮、虐待など、子どもに関わる支援者にはさまざまな事がらへの対応が求められています。関わりのむずかしい子どもたちの対応に苦慮している支援者に、「保護者のサポートを」と言うと、さらに負担が増えると思い、やりたくてもできないと考える方は多いでしょう。

しかし、「保護者が変わると子どもが変わる」と感じることがあります。実際、子どもへの対応と保護者対応をいっしょに行うと効果が顕著に表れます。「親子関係がよくなると、子どもの状態がよくなることを実感している」という声も聞きます。

いくら子どもの気になることを伝えようと思っても、それを保護者が受け止められる状態になっていないと伝わりません。ぜひ支援者の方には、「**保護者をサポートすることで、子どもがよい状態で園や学校に来る**」、その因果関係を実感し、理解してほしいと思います。

では、保護者のサポートを考えるとき、ポイントとなるのはどんなことでしょうか？

その第一の要素は「ストレス」でしょう。

いま、とくに母親は、さまざまなストレスを抱え、悩んでいます。実際、子育て中の母親に「ストレスに感じることはなんですか？」と尋ねると、左に示したとおり、子どものこと、家族との関係、仕事との両立、自分自身のことなど、実にいろいろな事がらが挙がってきます。支援者自身が親であり、わが子の育児・教育に関してストレスを抱えている場合もあります。

●育児中の母親のストレス

育児真っ最中の母親に「ストレスに感じることは？」と聞いた際の回答の一部です。

夫が育児・家事に協力してくれない
義理の家族との関係がうまくいかない
時間に追われている
だれにも認めてもらえない
母親・妻としての役割だけが強調される
子どもの育ちが不安
子どもが言うことを聞かない

自分の存在感がない
思いどおりに事が進まない
育児に自信が持てない
仕事と家事や育児が両立できない
やりがいが持てない
経済的不安がある
ワンオペ育児で心身ともに余裕がない

17	よくおなかが痛くなる
18	背中や腰が痛い（以前はなかった）
19	夜中に目が覚めてしまい、その後寝つけない
20	体がだるく、疲れやすい
21	早朝に目が覚める（以前はなかった）
22	なかなか疲れがとれない
23	急に息苦しくなることがある（以前はなかった）
24	悲しくてやりきれないと感じることがある
25	めまいを感じることがある
26	目が疲れる
27	耳鳴りがすることがある
28	最近酒やたばこ、または買い物の量が増えた
29	最近休みをとっていない
30	よくないことばかり考える

合計	

0 ～ 5 点	**ストレス度「低」** 自分なりの工夫でうまくストレスに対処できています。この状態を保てるとよいでしょう。
6 ～ 10 点	**ストレス度「軽」** 少し疲れが出ていませんか？　ちょっとペースを落として休養しましょう。
11 ～ 20 点	**ストレス度「中」** 余裕がなく心に負担を感じていませんか？　だれかに相談をしてみましょう。
21 ～ 30 点	**ストレス度「重」** なんらかの対策が必要な状態です。専門家の受診をお勧めします。

Check!　あなたのストレス度

あなたはいま、どのくらいストレスを感じていますか？　チェックリストで、自分のストレス状態をチェックしてみましょう。当てはまると思う項目に、チェックをつけてください。

1問を1点として、点数を合計します。

1	気持ちが沈んで憂うつだ
2	理由もないのに不安になる
3	集中力がなくなっている
4	持続力がない
5	脱力感がある
6	やらなければならないことになかなか手がつけられず、始められない
7	なかなか物事の決断ができない
8	何もかもが面倒だ
9	いままで楽しいと思っていたことが楽しくない
10	焦り、イライラなどをよく感じる
11	人と会うのがおっくうだ
12	首や肩が凝る
13	頭が重く、頭痛がする
14	便秘や下痢をよくする
15	食欲がない
16	寝つきが悪い

保護者がこのようなストレスを感じることが多いと、虐待につながる場合もあります。実際、以下のような虐待が生じた家族のタイプ分類の研究も行われています。
　親のストレスが重なることにより虐待傾向の可能性が高まるため、ストレスをひとつでも減らすことが必要です。そのためには子どもの特性理解をすすめ、親子関係を良好にするストレスマネジメントや心理教育が重要です。

虐待が生じた家族のタイプ分類（性的虐待を除く）

類型	主たる要因	中心となる援助
タイプ 1 **関係性障害群**	親の被虐待体験などに由来する子どもに対する否定的感情と認知のゆがみ	◆親の心理的治療（個別・グループ） ◆ペアレントトレーニング ◆子どもの心理的治療 ◆親子の関係性改善への治療 ◆親支援グループ、自助グループ
タイプ 2 **無理解・混乱群**	子どもの発達障害などへの無理解による養育の混乱	◆親への心理教育 ◆ペアレントトレーニング ◆子どもの治療教育
タイプ 3 **育児ストレス群**	育児知識・技術や育児サポートの不足	◆地域の子育て支援サービス ◆カウンセリング（個別・グループ） ◆ペアレントトレーニング
タイプ 4 **障害・疾病群**	統合失調症、知的障害、発達障害等による養育能力の不足	◆疾患・障害に対する治療 ◆親への心理教育、治療教育 ◆不足している能力を補う実質的な育児支援
タイプ 5 **社会的問題群**	社会的孤立、貧困などによる強い心理社会的ストレス	◆ソーシャルサポート

出典「子ども虐待における家族支援―治療的・教育的ケアを中心として」犬塚峰子、（児童青年精神医学とその近接領域 57 巻、2016）
https://www.jstage.jst.go.jp/article/jscap/57/5/57_769/_article/-char/ja/

ストレッサーとストレス反応

そもそも「ストレス」とは、なんらかの原因（ストレッサー）によって心身にかかる負荷のことを言います。ストレッサーは大きく3つに分けることができます。

❶自分自身のこと
❷対人関係
❸その他（天災・事故・病気など突発的な事がら）

子育て中の保護者の大半が、❶と❷の両方を複合的に抱えています。

そして、ストレッサーによって表れるのがストレス反応。ストレッサーとストレス反応の関係は、アレルゲンとアレルギー反応の関係とよく似ており、なんらかの原因（ストレッサー）によって負荷（ストレス）がかかり、心や体にさまざまな反応が表れるのです。

ここで大事なのは、「ストレスに感じるかどうかは人によって違う」ということです。同じ事がらでも、受け止める人の心身の状態や周囲の環境などによって非常に強いストレスとなり、心や体にアンバランスをきたす場合もあれば、適度な刺激となってやる気が出るなど、よい方向に働く場合もあるのです。

保護者のストレスの大半が育児ストレスだと言われますが、この**育児からくる小さいストレスの**

積み重ねは、周りからは非常にわかりにくく、自分でも気づかないことが多いのが特徴です。したがって、知らないうちに無理をしてしまうという怖さがあります。さらに、「周囲に心を開いて話せる人が少ない」といった最近の保護者の状況が加わり、**抱えたストレスをなかなか発散できる場もなく、相手もいないケースも多い**のです。

そこで重要になるのが、支援者の存在です。支援者が日々保護者の示す「言葉にならないメッセージ」から、ストレス状態をキャッチし、適切な対応を行うことが求められています。

◎ストレスの要因

❶自分自身
完ぺき主義・まじめ・マイナス思考といった性格、何か満たされない思い、健康上の問題など

❷対人関係
子ども・配偶者（パートナー）・両親・義父母・支援者や教師との関係、近所付き合い、園や学校の保護者との関係など

❸その他
病気・事故・地震・火事といった突発的な事故、経済的な不安など

◎ストレス反応
体の反応――頭痛、腹痛、ドキドキする、めまい、眠れない、起きられない、食欲がない、食べすぎ・飲みすぎ、頻尿、肩凝り、だるい、冷や汗、息苦しい　など
心の反応――イライラ、緊張する、焦る、不安、やる気がしない、集中できない、ぼーっとする、落ち込む、泣きたくなる、人と話したくない、心細い　など

ストレスマネジメント

ストレスとストレッサーがわかったら、ストレスにどう対応するかが次のステップです。ストレスをまったくなくすことは不可能です。要は、いかにうまく付き合うか。このストレスをコントロールするという考えに基づいた対応を「ストレスマネジメント」と言います。これは、支援者自身のケアにも活用できます。

「ストレスマネジメント」の方法はいろいろありますが、ここでは2種類紹介します。

1つ目の対処法は「**心身のリラックス**」です。

これは、文字どおり心や体をリラックスさせることですが、その方法は、性格やそのときの状況などによって違うので、自分に合った方法を試すことが重要です。たとえば、内向的で人と会うのがあまり得意ではない人が無理に「友人とランチしながらおしゃべり」しようとしても、かえってそれがストレスになってしまいます。自分の性格を理解したうえで、「これならリラックスできる」という方法を見つけましょう。

2つ目の対処法は、「**ストレスへの耐性を強くする**」という方法です。

見かた、考えかたを変えることで、同じストレスでもダメージが軽減するといったことです。ストレスの原因について、「いやだ」というマイナスの思いを、「そうでもない」、あるいは「成

★心理教育案

【レクチャー1】「事実と思い込みを分ける」（10分）	★感情的になるのではなく、特性を理解するとストレスが減ることを知る。 ※「子育てストレスを減らす３つのヒント」を配布する。 「では、こちらのテキストの６ページをご覧ください。イラストにあるように、子どもがゲームに夢中になってちっとも片付けなくてイライラ……なんてことはありませんか？」 ※数名の参加者に投げかけてみるのもよい。 「実はこんなとき、物の見かたを少し変えるとイライラせず、穏やかに声をかけられるようになるのです」 「イライラしてしまうのは“片付けて”と言っているのに、子どもが“言うことをき聞かない”“無視してちっとも片付けない”などと思うからではないでしょうか」 「でも、子どもの側に立って見るとどうでしょうか。もしかしたら、聞こえていないだけかもしれません」 「本当のところは、確認してみないとわかりませんね」 「こんなふうに、事実ではなく、一方的な自分の価値観からくる思い込みはありませんか？」 「この、“出来事”つまり“事実”と、自分の“思い込み”とを分けて考えると自分で作っているストレスに気がつきませんか？」 「そうすると、自分の思い込み＝主観ではなく、客観的に出来事をとらえ、冷静に対処することができます」 「とくに注意したいのは、“何をやってもだめな子”というようなネガティブな決めつけなどの“マイナスの思い込み”です。子どもにとって親や先生の言葉の影響は大きく、マイナスの思い込みは、そのまま子どもには事実となって心に残ることがあるので、気をつけましょう」	・参加者にテキストを提示しながら話を進めていく。 

説明（1分） 個人ワーク （3～5分）	「それでは、書き出した言動について、それが“聞こえていない”のか、“わからない”のか、”うっかり”なのか、それとも“わざと”なのか、分析してみましょう」 「そして、分類したうえで、お子さんの状態に対して、どのような対応がよいと思うか、考えて書いてみましょう」 「どう分析をしたらよいか、わからない場合もあるかと思いますが、まずはご自分の思うままに書いてみてください」 「例として『①すぐに行動しない』をいっしょに考えてみましょう。もしかしたら聞こえていないのかもしれません。その事実確認は大切ですね」 「時間は5分です。始めてください」	・ワーク中に作業が止まっているようすの保護者がいたら、グループのファシリテーターがサポートする。 **板書例** ①すぐに行動しない　聞こえていない→遊びに夢中なので切り替えの言葉かけをして、聞こえているか確かめる。
共有＆解説 （6～8分） 参加者によって時間調整する	「作業を終了してください。初めてなので、どう分析したらよいか戸惑われた方もいらっしゃったかもしれませんね」 「では、グループで共有してみましょう」 「グループ内で、おひとり、ひとつ、お子さんの行動分析を発表してください。時間は3分です。どうぞ」 「発表を終了してください」 「では、グループごとに発表していただき、全体で共有したいと思います。各グループ代表の方ひとりに分析を発表していただきたいと思います」 「では、○グループからお願いします」 ※全体共有をしながら、それぞれの発表に対してコメントをする。 「みなさん、ありがとうございました。実際に分析をしたり、ほかの人の意見を聞いたりして、いろいろな発見があったのではないでしょうか」 「わたしたちは普段、さまざまな出来事に自分でだめな子と思い込み、ストレスを感じたり腹を立てたりしています。だからこそ、まずは事実をたしかめる。そのことだけでも、ずいぶんストレスが減ります。そして、子どもの言動について気になることがある場合は、先ほどの分析の視点で考えてみてください。事実を冷静にとらえることで、適切な対応が見えてきます」 「わからないときは支援者の方に聞いてみましょう」	・各グループのファシリテーターが進行する。 ・全体で共有する際に発表する人を、前もって決めておくとよい。 ・発表に対して評価するのではなく、受容的に聞きながら、コメントでポイントを押さえていく。

【レクチャー 2】「子どもの行動分析」（5 分 ）	★事実と行動を分けて、子どもの行動分析をする視点を学ぶ。 「では、もう一度テキストの 6 ページを見てみましょう」 ※レクチャー1で使用した資料を示す。 「子どもに“片付けて”と言っているのに、片付けないという出来事に対して、“ちっとも言うことを聞かない”“だめな子”とイライラする。それは思い込みであって、本当は違うのかもしれません」 「では、なぜこの場面で子どもが片付けをしないのか、行動を分析して考えてみましょう」 ※本書の 48~49 ページを参照し、“聞こえていない”“わからない”“うっかり”“わざと”の解説をする。 ※解説しながら、それぞれの場合について「ご自分のお子さんでも心当たりはありませんか？」などと問いかけ、保護者から例を出してもらってもよい。 「こんなふうに行動を分析して考えてみると、子どもの行動の見かたが少し変わってきますね」 「また、どのように対応したらいいのか、対策も見えてきます。たとえば、“聞こえていない”場合は、近くまで行って気づかせてから言う、”わからない”場合は、実際にいっしょに行って、片付ける行為を知らせる、などの対応が考えられます」	
【ワーク】（15 分 ） **説明（1 分 ）** 個人ワーク （ 2分 ）	★自身のケースで、子どもの行動分析を体験する。 「では実際に、ご自身のお子さんの行動分析を体験してみましょう」 「まず、ご自分のノートにいま気になっているお子さんの言動を、3つ（たとえば、すぐに移動しないなど）書き出してみてください」 「時間は2分間です。どうぞ始めてください」 「作業を終了してください。お子さんの気になる言動を書き出せたでしょうか」	・ワークの手順について明確な指示をしてスムーズなスタートを促す。 ・作業時間を明確に伝える。 **板書例** ①すぐに行動しない ② ③

長のために必要」などプラスの思いに変換できれば、それはストレスではなくなります。

さまざまなストレス解消法の中には、飲酒や食事、買い物、人や物に当たるなど、注意が必要な解消法があります。これらは、行きすぎると、時には命に関わる危険があり、とくに保護者の場合は、発散できないストレスの矛先が子どもに向かうことも心配です。

そのような事態に陥らないためにも、早い時期にストレスに気づき、健康的な解消法に変換していくことが重要です。

●言葉以外のメッセージを大切に

子育て中の保護者本人がストレスに気づいていないことが多くあります。そのため、身近な存在である支援者が、保護者の出すさまざまなサインをしっかりキャッチし、保護者自身が「自分はストレス状態にある」と気づくようにそれとなく働きかけることが大切です。そして、「ちょっとお疲れのようですが、最近、お忙しいですか？」などとさりげなく声をかけ、それぞれに合わせた形で、保護者が本音を出しやすい状況を作ります。

ただ、自分の悩みをすぐに伝えられない人もいます。支援者は日々、ほほ笑んだり、あいさつやねぎらいの言葉をかけたりして「保護者が話したくなったときにはいつでも寄り添ってくれる雰囲気」を持つことが大切です。

こうして対話のきっかけができたら、支援者は、保護者の話をじっくりと聴きます。決して保護者の話を否定せず、「傾聴・共感」の気持ちで聴いてください。まず、保護者が抱えている不安や

●ストレスマネジメントの方法

1　心身のリラックス

いずれも、自分に合った方法を探しましょう。合わないことをすると、かえってストレスになります。

●深呼吸をする

体の緊張が緩み、血圧が下がり、リラックスする

●適度な運動

自分が気持ちよいと感じられる運動

＊へとへとになるまで思い切りやることですっきりする人と、軽い運動のほうが好きな人とがいます。

●自然に親しむ

森林浴・海辺の散歩・公園のベンチや部屋の窓から外の景色を眺める

●親しい人とおしゃべりや食事をする

●ひとりでお茶を飲んだり、好きな音楽を聴いたりする

●意識してリラックスできるようにする

ゆったりとした環境の中、目を閉じて、自分がリラックスしているイメージを思い浮かべる

2　ストレスへの耐性を強くする

●気持ちの修正法を見つける

不安になったとき、悪く考える癖をやめ、安心できる場所のイメージを思い浮かべながら体を動かすなど、気持ちを修正する方法を見つける

●人に頼る工夫をする

ひとりでがんばりすぎず、じょうずな頼みかたを知る

●発想の転換で、ストレスを軽減できることを知る

マイナスの面を見る いやいややる（強制的）	事実	プラスの面を見る 自分からやる（自発的）
↓		↓
ストレス	行動	ここちよい疲れ、達成感

とらえかたによって、同じ行動でもストレスに感じる人とそうでない人とがいる。

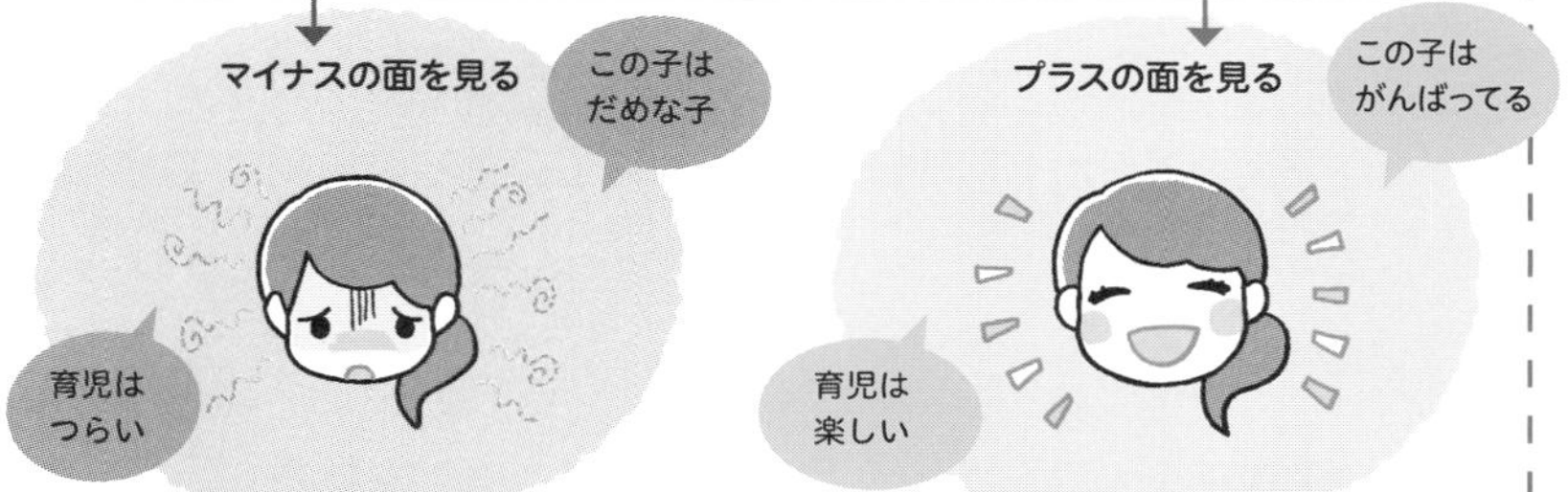
マイナスの面を見る
この子は
だめな子
育児は
つらい

育児のすべてが、ストレスになる。

プラスの面を見る
この子は
がんばってる
育児は
楽しい

ここちよい疲れ、達成感がある。

気づき

支援者が保護者のストレスに気づき、声をかける。

→ **話を聴く**

「傾聴」「共感」を心がけ、保護者の話をじっくり聴く。

→ **対応のレベル分け**

話の内容によって、「自分で対応できるか」「園全体で対応すべきか」「専門機関に任せるべきか」を判断する。

不満を言語化できるようにサポートすることが重要です。人によっては、「話しただけですっきりした」ということもあります。

●じっくり聴いて、本質を探る

保護者が挙げるストレッサーには、保護者自身の育ってきた環境（自分の両親から受けた価値観の影響など）といった、現在のようすからは知ることができない要因が隠れている場合があります。また、発達障害など子どもの育ちに不安がある保護者の場合、「子どもの行動が周囲に迷惑をかけている」という引け目や、自分が「子育てのできない親」と思われているのでは？ というプレッシャーもあります。支援者は、保護

●思いをとらえて、対処法を考えよう

支援者が自分の考えを押しつけるのではなく、保護者自身が気づき、よくしたいと思えるようにサポートする。

自分で対応

まずは、園長や主任に相談。その後の対応のしかたを話し合い、こまめに情報交換をしながら対応していく。

園全体で対応

園長などに相談して、どの機関につなぐべきかを検討し、迅速に対応。その後も連携を取り合い、経過を把握する。

専門機関に相談

者が抱える事がらの本質を見逃さないためにも、結論を急がず、じっくり時間をかけて保護者の話を聴いてください。

　さらに支援者は、保護者の話を聴きながらも、その内容が、自分ひとりの対応でよいのかと考えることも必要です。内容によっては、専門機関のサポートが必要なケースもありますので、その場合は速やかに連携しましょう。最近では、巡回相談といった外部の専門家の支援を園や学校で受けるシステムもあります。基本はひとりで抱え込まないこと。話を聴いた後は、園長・校長や主任などに報告し、その後の対応については、ひとりで決めず、園長・校長などと相談するようにしましょう。

●自分に合った対処法を見つける

こうしてストレスの原因が見えてきて、保護者自身もそれに気づいたら、いっしょに対処法を考えていきます。

何より大切なのは、自分に合った解消法を保護者自身が見つけること。**ストレスの原因や、どうしたらそれが軽減できるかを、自分で理解して初めて、ストレスとじょうずに付き合うことができるのです。**そのためにも、支援者の考えを押しつけるような形にならないよう、十分に気をつけましょう。そして、**支援者ご自身のメンタルケアも大切に。**

●小児期逆境体験（ACE：エース）が与える影響

小児期逆境体験をACE（Adverse Childhood Experiences）と呼びます。具体的には、18歳までに虐待やネグレクト（育児放棄）、家庭の機能不全を体験することを指します。

1990年代から欧米を中心にACEの研究がすすんできましたが、ようやく日本でも京都大学が2021年度に2万人を対象に大規模調査（以下、LSW調査）が行われ、以下のような結果が報告されました。

ACEスコアが「0」の人と比べて「4以上」の人は、

・「病気がち」に3・3倍、「重度のうつ・不安障害」に4・0倍、「自殺念慮あり」に4・4倍なりやすい
・「中卒」に2・9倍、「高卒」に1・6倍、「失業」に1・8倍、「非正規雇用」に1・3倍、「貧困」に1・7倍、「世帯年収300万円未満」に1・8倍なりやすい
・「未婚」に1・3倍、「離婚」に1・9倍なりやすい
・悩みや心理的問題が生じたときに、「頼れる人がいない」状況が2・7倍生じやすい
ACEスコア「3以上」の親は、「0」の親に比べて、
・子どもへの「身体的虐待」が1・8倍、「心理的虐待」が2・0倍、「ネグレクト」が2・0倍生じやすい

出典　『ACE サバイバー――子ども期の逆境に苦しむ人々』
著／三谷はるよ（筑摩書房、2023）

LSW データに含まれる ACE 項目

あなたが 18 歳になるまでの間に、以下の経験をしたことがありましたか（○はいくつでも）

1	親（あるいは同居する大人）から、叩かれたり、物を投げつけられたり、殴られたりした	身体的虐待
2	親（あるいは同居する大人）から、傷つくことを言われたり、侮辱されたりした	心理的虐待
3	親（あるいはあなたより 5 歳以上年上の人）から、性的な行為をされた	性的虐待
4	親が必要なこと（食事や日用品の用意、病気のときに医者にみせることなど）をしてくれなかったことがあった	身体的ネグレクト
5	あなたは、家族のだれひとりとしてあなたのことを大切に思っていないと感じていた	心理的ネグレクト
6	親が別居または離婚をした	親との別離
7	親が亡くなった	親の死亡
8	母親が、父親（あるいはパートナー）から暴力を受けていた	母親への暴力
9	家族（あるいは同居する人）に、アルコールの問題を抱える人や、違法薬物を使用する人がいた	家族のアルコール・薬物乱用
10	家族（あるいは同居する人）に、うつ病などの精神疾患をわずらっている人や、自殺・自殺未遂をした人がいた	家族の精神疾患・自殺

・1 〜 10 の質問に対する「はい」の数を合計したものが ACE スコア（0 〜 10）
・オリジナルの ACE 研究では、「服役する家族」が ACE 項目として採用されているが、日本では少数であると考えられるため、代わりに「親の死亡」を ACE 項目としている

有害なストレス：慢性的なストレスは、ホルモン分泌の異常や脳の萎縮、ＤＮＡの働きの阻害を引き起こすことがわかっています。メンタルへの悪影響だけではなく、肉体や遺伝子レベルに害があるということなのです。

しかし、うれしいことに18歳までの「人とのつながりを感じるポジティブな体験」は保護的因子（ＰＡＣＥ：protective and compensatory experience）として先に示したリスクを減らすことがわかっています。支援者が子どもの「自分を気にかけてくれる親以外の大人」として安全基地になり、安全な居場所を提供できれば、ＡＣＥの影響は減少します。家庭だけに限らず、すべての子どもが安心安全な居場所を持てることが大切です。

●ＰＡＣＥ（保護的因子）10項目リスト

1　養育者からの無条件の愛（Unconditional Love）
2　少なくともひとりの親友
3　コミュニティでのボランティア
4　グループ活動の一員である
5　メンターを持つ
6　清潔で安全で十分な食べ物のある家

7　学校などで教育を受けている
8　芸術的・知的な趣味
9　身体活動
10　家庭に明確で公平なルールやルーチンがある

虐待をしてしまう保護者の話を傾聴すると、自身がなんらかの形でACEの被害者であり、苦しんでいることがわかることもあるでしょう。子どもだけの支援でなく、ACEとPACEの概念を親支援にも取り入れることが大切です。

そして支援者であるあなた自身もACEとPACEの項目を見ながら「いまのあなた」につながる過去を客観的に観察し、自己理解を深めることにより、さらによき支援者になるきっかけがつかめるかもしれません。

LSW調査で、子ども期に虐待・ネグレクトを受けて親になった人のうち、虐待・ネグレクト傾向は、約61%です。つまり、注目したいのは「約4割の人は、虐待の負の連鎖を断ち切っているという事実」です。

レジリエンス（回復力）の要因として、ACEに対して、その体験から回復する因子もあることが以前から海外の研究でもわかっています。そして、それはPACEのように意外と提供しやすい要因だということが支援者の希望の光にもなります。

ＬＳＷ調査では、「促進要因：子ども期のよい体験（ＰＣＥ：positive childhood experiences）」として５つの項目のデータ分析がされました。

①自分の気持ちを家族のだれかに話すことができた
②大変なときに家族のだれかが支えてくれたと感じた
③自分を気にかけてくれる親以外の大人がいた
④家族以外に、居心地のよい居場所があった
⑤友だちまたは恋人に支えられていると感じた

重度のうつ・不安障害の生じやすさは、
・ＰＣＥスコアが「0～1」の人と比べると、「2～3」の人は23％低くなり、「4～5」の人は52％低くなる
・自殺念慮の生じやすさはＰＣＥスコアが「0～1」の人と比べると、「2～3」の人は27％低くなり、「4～5」の人は48％低くなる

このように、ＰＣＥが成人期の精神的不調のリスクを軽減していることがわかっています。

「家族以外に、居心地のよい居場所がある」ことが精神の安定にいかに重要か、虐待防止の視点からもわかります。しかし、「居心地のよい居場所・仲間」が、ゲームや薬物依存などにつながるところだと、また別の問題が出てきます。「健康的な居心地のよい居場所」が必要です。

その意味でも、支援者がいる保育園、幼稚園、小学校、学童は居場所として大変重要な役割を果たしていることになります。地域に健全な居場所を作ることや、子ども食堂なども食事を提供するだけでなく、ＡＣＥに対する保護因子としていくことが、未来の虐待を防止することにつながるでしょう。

Part
5

虐待に追い込まれやすい保護者のタイプ別サポート法

さまざまなタイプ別に、ストレスマネジメントを基本とした保護者サポートを考えていきます。親子の支援にはトータルケアが必要です。支援者それぞれの専門分野の限界を見きわめ、他の分野の専門家と連携するシステムを作ることも大切です。

Type 1

なんでも自分を責め、落ち込んでしまう

なんでも自分のせいだと思い、自分を責め、落ち込んでしまう保護者がいます。まじめな人に多く、自分を人と比べてしまいがちな傾向があります。

子どもの評価が自分の評価に

こういうタイプの保護者がとくにつらくなるのは、発表会や運動会など、行事のときです。祖父母や父親も見に来て「母親がしっかりしていないからだ」と責められることもありよけいにプレッシャーを感じます。「自分の子どもだけがうまく

できない」と思い込んでしまい非常にこたえます。この背景には、親が子どもを自分と同一視している面があり、子どもの失敗やうまくいかないことによって、母親自身が恥ずかしくなり、落ち込む。そして、「ほかのお母さんはちゃんとできているのに、わたしがだめだから子どもも……」と、自分を責め、そして子どもを叱ります。

それが悲しいことに、教育虐待のきっかけになることがあるのです。親自身に厳しく育てられた体験があるケースはとくに注意が必要です。

さらに支援者からだめ押しのように、「お母さん、もうちょっとがんばってください」「家庭でもう少し、しっかりしつけていただかないと」などと言われ、傷ついたという話もよく聞きます。

言葉以外のメッセージを受け止めて

保護者のもともとのパーソナリティの影響も大きく、まじめで完ぺき主義、さらに、内向的な人に自分を責めるというケースが多いようです。こういう場合、保護者から「自分を責めてしまうんです」と訴えてくることはないので、そこは支援者に察知してほしいところです。

子どものことを相談すると、表情が暗くなる、元気がない、会話に乗ってこない、といった「言葉以外のメッセージ」をキャッチしてください。また、子どものことを話しているのに、「わたしが、がんばらなくちゃ」や、「やりたいけどできないんです！」と言うなどの否定的な反応が多い場合、「うつ」の心配もあるので気をつける必要があります。

こういった人は、「朝ごはんはきちんと食べさせてください」というような正論を言われると、「そんなこともできないなんて、やっぱりわたしはだめな親なんだ」とさらに自分を追い込んでしまいがちです。**支援者に責めるつもりはなくても、保護者は責められたと感じてしまうことがある**ので、十分注意してください。

よいところに気づけるように

支援者の対応として、まずは保護者の話をじっくり聴く機会を持ち、本人がつらいと思っている話には、「それは、ほんとうに大変ですね」と寄り添います。だめなところにばかり目が向いている保護者は、なかなか自分のよいところに気づけません。支援者から見て「がんばっているところ」を具体的に挙げ、「いまのあなたは十分やっている。大丈夫です」ということを伝えてください。

できれば、**「保護者が行ったことで子どもがよくなった」というエピソードを具体的に伝える**とよいでしょう。たとえば、子どもがかいた絵をお母さんがほめ、家で飾ってくれたことを、その子が園や学校ですごく喜んでいた。そのことがきっかけで、絵を積極的にかくようになった、というようなことです。

子ども以外のことでセルフエスティームを上げる

また、親子の一体化が強いと、子どもが人からほめられることで保護者自身のセルフエスティームも上がります。行事などで、わが子がみんなより少し遅れている場面を目の当たりにしてしまったときには、支援者がその子どものよいところを、当日のようすや、これまでの取り組みの過程などから、具体的に伝えてください。

このように親子が一体化し、セルフエスティームが連動しているケースは非常に多いのですが、なるべく早い時期に、子ども以外のこと、たとえば、仕事やボランティア活動、趣味などで保護者自身のセルフエスティームが上がることやリラックスできることを見つけたいものです。子どもが幼児期のうちはむずかしいかもしれませんが、「○○ちゃんのママ」**ということ以外に、認められたり、やりがいを感じられたり自分が楽しめたりすることを見つけるのが、将来的にはとても重要**です。これは発達に特性のある子本人や親子支援で注目されている視点で、「余暇スキル」といいます。

なお、障害のある子どもの親の場合、子どもの言動について「親のしつけがなっていないから」と誤解され続けることで、自分を責めてしまうという、特有の悩みもあります。そのため、その子の特性を知り、「自分のしつけのせいじゃない」と思えるだけで、楽になることがあるということも、知っておくとよいでしょう。

ポイント

- **◉「子どもの失敗は自分の失敗」ととらえる傾向がある保護者もいることを知る**
- **◉保護者の「言葉以外のメッセージ」を察知する**
- **◉「こうすべき」という正論で責めず、子どものよいところを伝える**

Type
2

父親として自分なりの育てかたにこだわる

子ども時代に親から厳しく育てられ、自分が子育てをするときに同じやりかたにこだわる保護者がいます。まじめで「子どもは親の言うことを聞くものだ」という考えに固執してしまう傾向があります。

過剰適応を引き起こす子育て

保護者が育った環境・背景は、育児方針に少なからず影響を及ぼします。たとえば、過剰に教育熱心で、マナーやルールを守らないと罰があるような家庭で育った人にとっては、そのような環境が当たり前で、自分の子どもにも同じことを求めがちです。

「周りに迷惑をかけないでほしい」「宿題や自分で決めたことはどんなときでもしっかりやるべき」といった価値観をわが子にも持ってほしい、自分自身も親としてきちんと育てたいという思いが強くなるようです。

厳しくしつけられた子どもは非常にものわかりがよく、親と先生の言うことをよく聞く子が多いのですが、いき過ぎると過剰適応（68〜71ページ）を引き起こし、常に大人の顔色をうかがって「正解」を探すようになります。

子どもの教育にかける思いが強いことは悪いことではありませんが、行きすぎると子どもの性格に合わないやりかたを強要してしまったり、虐待のきっかけになったりすることがあります。

たとえば、「習い事をやめたい」と言い出した息子を叱りつけても言うことを聞かない状態が続くと、エスカレートして手を出してしまい、パートナーに止められることを煩わしく思う父親の例もあります。どなり声と子どもの泣き声が連日近所に聞こえ通報されるようなケースでは、児童相談所が聞き取りを行うこともあります。

保護者としては甘い考えを持った子どもを叱咤激励しているつもりなので、当然、虐待しているなどという意識はありません。むしろ虐待に関するキーワードを出した日には激昂してしまうこともありえますので、慎重な言葉選びと話すタイミングが重要です。

子育てに自負があるときのアドバイス

子どもが父親の態度にビクビクしている様子を見聞きしたり、おびえているパートナーを心配した支援者が、本人に「お父さん、もう少し息抜きをして気楽にいきましょう」などと伝えると、難色を示したり、「子どもも優秀に育っているのになぜ他人にそんなことを言われなければいけないんですか」と支援者に反論したりする人もいます。

さらに、保護者が子育てや教育について人よりも勉強しているという自負がある、または関連の仕事をしている場合には、支援者がアドバイスしようと思っても、「子どもの気持ちは自分がいちばん理解しているから」と、なかなか聞き入れてもらえないこともあるでしょう。

支援者の対応として、マズローの欲求の階層（21ページ）について話したり、子育て講演会などへの参加を呼びかけてみるのもひとつの方法です。支援者ひとりで説得しようとするのではなく、保護者が関心を持っていそうなテーマや、立場が近い人のセミナー情報などを集めて紹介します。このように外部の資源を活用して、支援者の言いたいことを間接的に伝える手もあります。

日本では母親だけが子育てとそれに関わる人間関係の中心にいることが多かったのですが、徐々に父親も子育てに参画していく社会になりつつあります。しかし、父親が子育ての葛藤や自分の育ってきた環境に関する悩みを安心して話せる場所は少なく、同じく子育てをする父親と交流できる講座などが増えることが望まれます。

ポイント

◉厳しい環境で育ってきた保護者は、同じ価値観を子育てに求めてしまうこともある
◉アドバイスを受け入れない場合には、保護者の関心のある場所などを紹介したりする

プラス解説

親の方針と子どもの特性が合わない

「自分が受けた両親の子育てや教育が正しい」という信念が強い一方、その理念や方法が自分の子どもの特性に合わないことが受け入れられない方も多いでしょう。母親よりも日常生活で子どもと接する時間がない父親は、うまくいかないのは子どもの問題であり、親の役目は自分が受けた子育てや教育を継続すること、と考えやすくなるのも無理もないことかもしれません。

とくに、福祉や心理の対人援助職についている人や、教育関係者であるからこそ、父親としてきちんと子育てをしたい、見本でありたいという思いが強すぎて、教育虐待レベルになっていることに気づかない場合は危険な状態です。

この場合、アドバイスをしても、親自身の価値観自体が変わらないと評価基準も行動も変わらず、支援者の考えと平行線のまま続くことが多くなり、支援者は説得しようとすればするほど疲弊してしまいます。

支援者はまず、父親の話をていねいに傾聴して、父親自身の価値観を理解できるようにすることが大切です。また、166ページのゲーム「ちょこっとチャット」を使用して、子どもと父親が本音で語り合えるような場を提供することも、子どもの実際の状況を把握するために有効です。

最近は日本でも、アメリカのファミリードラマのように、父親が育児・家事をサポートする姿が珍しくなってきました。とくに発達に課題がある子どもに関する知識を父親が学ぶ機会はまだまだ少ないと考えられますので、父親のための親支援講座のニーズは高まってくると思われます。仕事にも使えるストレスマネジメントといった父親が参加しやすい形式で、子育て応援講座を提供するとよいでしょう。

●参考　父親のワーク・ライフ・バランス（平成26年度　厚生労働省委託「男性の育児休業取得促進事業」）
https://www.mhlw.go.jp/bunya/koyoukintou/pamphlet/dl/wlb_130219.pdf

Type
3

感情を表に出さず、言葉数も少ない

内向的で、周囲に気持ちを伝えられず、ストレスをひとりで抱え込むタイプ。助けがほしくても、なかなか人に頼むことができません。

頼りたくても言い出せない

父親が非協力的で、家事や育児はすべて母親がひとりでやっている。子どもに関する悩みがあっても、だれにも相談できないという話はよく聞きます。たしかに、父親やほかの家族が非協力的という現状もあるのですが、母親自身、なかなか人に相談したり頼ったりすることができない性格、という場合も多いようです。手伝ってほしくても、自分なりのやりかたにこだわったり、その気持ちをうまく伝えられなかったりする人もいます。とくに義理の母には頼みづらく、勇気をふり絞って頼んでも、「こんなこともできないで」などと責められてしまっては、「二度と頼みたくない」と思ってしまいます。

Iメッセージで伝える

そんな場合は、アメリカの心理学者トマス・ゴードンが提唱した「**I【アイ】メッセージ**」**を取り入れる**と効果的な場合があります。

Iメッセージの基本は、「わたしは～（の状態・理由）で～（という感情）です」という伝えかたです。これは、「共感の公式」の主語を「わたし」にしたものです。この形で伝えると、何かをお願いするときでも、感謝の気持ちを伝えるときでも、相手にやわらかく伝わり、人間関係を円滑にすることができます。

たとえば、家事や子育てをひとりで抱え込んでいる母親の場合、困っていることに周りが気づいていないことがあります。まず、「わたしはいま、こういう状態で、大変困っている」ということを、具体的に、気持ちを込めて話してはどうかと提案します。そして、「助けてもらえてうれしい」と伝えるとよいと助言しましょう。

また、話すのが苦手で、じょうずに伝える自信がないという場合、「ありがとう」から始めるとよいこと。その際、具体的に何がありがたかったのかがわかるよう、Iメッセージを使って伝えるとよいと提案します。たとえば、子どもを預かってもらったときには、「おかげでわたしは、その間○○ができて、とても助かりました」というようなことです。さらに、「子どもがとても楽しかったと喜んでいました」というように、子どもの反応を伝えると、相手も「またやろう」という気持ちになります。

「ありがとう」と「ごめんなさい」だけでもIメッセージです。じょうずにいろいろ言おうと思わずに、「～してくれてありがとう」「～してごめんなさい」から始め、いろいろと応用していくとよいことを伝えましょう。こうして、ていねいに具体的に気持ちを伝える、その積み重ねで会話も増え、関係がよくなった相手なら、コミュニケーションもしやすくなります。

無理に話さなくてもいいと思える雰囲気作り

内向的な保護者の場合、園や学校の懇談会など、話し合いの場が苦手な傾向があります。園や学校の集まりのときには、話さなければいけないというプレッシャーを与えないように気をつけましょう。

最初に支援者から、**「意見を言わなくても、無理に話さなくてもいい、参加することに意味がある」ということを全体に向けて話します。**個別ではなく全体に伝えることで、発言しなくても許される場なのだという雰囲気が作られていきます。「無理に話さなくても、○○先生はわかってくれる」と保護者が感じることができたら、それが支援者との信頼関係にもつながります。

ポイント

◉「Ｉメッセージ」での伝えかたを紹介する
◉まず、感謝を示すことからスタートする
◉「無理に話さなくてもいい」ことを伝える

＊参考文献
『親子のストレスを減らす15のヒント―保育・教育・福祉現場の保護者支援に』監修・執筆／高山恵子
（学研プラス、２０１２）

やってみよう！

ゲームを通じてコミュニケーション

悩みを抱える保護者は、保護者どうしの語り合いの中でよい情報を得たり、気持ちが楽になったりすることが多々あります。その意味では、園や学校の懇談会はかっこうの場なのですが、保護者の中には人前で話すことが苦手な人も多く、会を設けても、なかなかざっくばらんに話す雰囲気作りがむずかしいこともあるでしょう。とくに日本人には、「沈黙は金」「以心伝心」などの価値観が根強く残っているところもあり、「本音を人に話す」ことが苦手な傾向があります。

そこで、懇談会など、話し合いの場において参加者の気持ちをほぐし、話しやすい雰囲気を作るゲーム「ちょこっとチャット」を紹介します。懇談会だけでなく、園・学校内外の研修会などで、支援者どうしの交流を深めるために行ってもよいでしょう。

◎進めかた

基本は、「質問カードをめくり、ひとり（スピーカー）がそこに書かれた質問に答える」というゲーム。スピーカーは順番に交代する。

＊「ちょこっとチャット」に関するお問い合わせ
NPO 法人えじそんくらぶ
https://e-club.jp/goods/chat/

トライ 1　「以心伝心」による安心感を味わう

○ルール

- ●ひとりずつ順番に質問カードをめくり、その質問に答えていく。
- ●スピーカーは、答えたくない質問は「パス」と言って無理に答えなくてよい。
- ●スピーカー以外の人（リスナー）は、「評価をせず、ただ聴く」。傾聴を示すうなずきや表情による

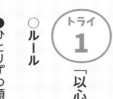

非言語のコミュニケーションを使い、言葉は発しない。

なぜ話してはいけないのか、疑問に思うかもしれませんが、コミュニケーションの基本は、話すことではなく聴くこと。それもただ漫然と聞くのではなく、心から聴く態度を示すことです。こうすることで、「何も話さないけど、受け入れられている感じがする」、そんな感覚を味わうことができます。

トライ2 異なる価値観や意見、感情を味わう

○ルール

●まずひとりのスピーカーが質問に答えた後、ほかの人も同じ質問に答える。

●答えたくないときは、自分の言葉で「話したくない」ことを自由に伝える。

●他の参加者は、評価や批判をせず、相づちを打ったり、スピーカーの言ったことを確認するように繰り返したりする。自分の意見や価値観と違っても、そのまま受け取る。

ここでは、同じ質問に基本的に全員が答える中で、それぞれの違いや共通点を見つけ、自分を客観的に見る、他人と理解し合う、そんな雰囲気を作ります。

トライ3　自分のコミュニケーションパターンを知る

○ルール

●スピーカーが質問に答えた後、その発言に基づいて、みんなで自由にコミュニケーションする。
●発言したくないときは断ってもOK、通常の会話と同様に行う。

ここでは、自由に話す中で、自分はどんなコミュニケーションのパターンを持っているか、どんなときに自然に話せるか、自己観察します。

＊会話のパターン例…うなずきが多い、すぐ人の話をさえぎってしまう、など

えじそんくらぶが作成した「ちょこっとチャット」の質問カードは100枚あり、「子育て」がテーマのディスカッションに自然に移行できます。最後にゲームの感想を出し合うことで、家族や友人とのコミュニケーションを深めるためのヒントが見つかるでしょう。

●質問カード内容の一部

1 自由な時間があったら（　　　）をしたいです

2 ３億円の宝くじが当たったら、何に使いますか？

3 最近見た映画やテレビ、本で印象に残ったものはありますか？

4 好きな色はなんですか？　その理由は？

5 あなたは好きなものを先に食べますか？ 後に食べますか？

6 仕事と家事、子育てを好きな順に並べるとどうなりますか？

7 パートナーはあなたの話をよく聞いてくれますか？

8 わたしをイライラさせるものは（　　　）です

9 ストレスがあるとき、ひとりになりたいですか？　それともだれかに話を聞いてもらいたいですか？

10 夫婦でどれぐらいの割合で家事と育児を分担していますか？

11 人付き合いが面倒だと感じるのは（　　　）のときです

12 ○○に言葉を入れてください。「わたしは○○のとき、幸せです」

13 小さい頃、親や先生に言われて自信がついたことはなんですか？

14 人から（　　　）と言われてうれしかったです。

＊質問項目は、参加メンバーや目的、時間に合わせて選びます。初対面のグループでは抵抗感のない、自己開示しやすい質問にしましょう。

ポイント

◉トライ1~3と、段階によって少しずつルールが変化するので、参加者の性格や親密度によってどのルールで行うかを選ぶ。あまりなじみのないメンバーの場合は、トライ1から行うとよい

Type 4

遅刻や休みが多く、話しかけても避ける

表情が暗く、話しかけても避ける、朝が苦手で遅れがち、といったようすが見られる保護者がいます。状態が悪くなると、しだいに送り迎えができなくなり、連絡なく欠席する日が続くこともあります。

「責めない」「励まさない」

このようなようすが見られたら、「うつ」の可能性も視野に入れて関わるようにしましょう。

うつの大きな要因はストレスと言われています。先にも述べましたが、育児ストレスは、小さ

いストレスの積み重ねで、わかりにくいものです。まじめな性格、完ぺき主義の傾向のある人がうつになりやすいとも言われ、ストレス状態に気づかないまま無理をし続け、うつに発展するケースは非常に多いのです。

また、うつが原因で、子どもに対して、ネグレクトのような状態になってしまうこともあります。したがって、早い段階でストレス状態に気づき、適切な対応をすることが重要です。それが、うつの予防につながります。

まず、支援者と話ができる状態であれば、本人がストレスに気づき、マネジメントする方法をいっしょに考えていく対応が基本です。その際、うつの可能性を考え、「『がんばって』などと励ますのは逆効果」ということも覚えておきましょう。「やりたくてもできない」のがうつです。努力ややる気では解決しません。

とくに朝が弱い傾向があるので、登園が遅れる、連絡なく休む、といったようすが気になっても、そのことを責めたり、励ましたりしないように気をつけてください。励まされることで、「できない自分」を責め、ますます落ち込んでしまうことがあります。

専門家につなげることも考えて

ていねいに話を聴き、共感を示し、発想の転換のしかたを伝えたりしていても、気持ちが落ち込んだままいっこうに上がってこない、話ができない、といった場合は、より専門的な対応が必要になってきます。なるべく早く専門機関につなげることを考えてください。保育園・幼稚園の場合は、いきなり病院ではなく、まず保健所（保健センター）や子育て支援センターに相談するとよいでしょう。

専門機関につなげる場合、配偶者や両親など、身近な家族への対応も必要になってきます。本人もいっしょが無理なら、家族だけでもかまわないので、きちんと話す機会を持ってください。その際、いきなり「うつ」という言葉を出すのではなく、「最近、お母さまがお疲れのようなのですが、ご家庭で何か気になるようすはありませんか？」というように切り出します。そこで相手が、「そうなんです。実は家でも……」というように話してきたら、ていねいに状況を説明しつつ、まず病院以外の専門機関へつなげることを提案してみましょう。

ただ、うつ状態の家族がいることを隠したがる人もいます。支援者が専門的な治療が必要だと思っても、「家族にうつ患者がいるなんて恥ずかしい」という気持ちから隠す、病院に行くことを拒む、「ただ怠けているだけ」と母親を責める、といったケースも少なくありません。園や学校の対応だけで手に負えないときは、自治体の窓口や保健センターなどに連絡し、第三者から直接話をしてもらうことも考えましょう。保健センターで医師の相談窓口を設けているところもあります。

子どもが「自分のせい」と思わないように

最後に、子どもへの対応で、支援者にぜひお願いしたいことがあります。母親が育児困難な状態にあると、子どもは、「嫌われた」と思い、自分を責めてしまうことがあります。**支援者は、「お母さんは○○ちゃんのことが嫌いなわけではないんだよ」と伝える**ことが大事です。

「お母さんがめんどうを見られないのは、○○ちゃんが悪い子なわけでもなく、嫌いなわけでもなく、元気がなくてやりたくてもできないから」ということを、その子にわかる言葉で、ていねいに伝えてください。

ポイント

◉「うつ」を視野に入れて関わる
◉気になったら、家族に話を聞き、まず子育て支援センターなど、病院以外の専門機関につなげる
◉「お母さんは、○○ちゃんが嫌いなわけではない」ということを、子どもにしっかり伝える

プラス解説

「うつ病」とは

うつ病は、本人および周囲が早く気づき、適切な治療・対応を行うことで改善します。まちがった対応によって症状が悪化しないように気をつけましょう。

珍しい病気ではない

2013年～2015年にかけて行われた厚生労働省の調査によれば、うつ病の生涯有病率は人口の5・7％です。したがって、うつ病は、けっして珍しい病気ではありません。だれにでも起こりうるという意味からも、よく「心の風邪」と言われます。

うつ病は、ほうっておいても自然に治ることがありますが、こじらせると大事に至るという点でも風邪に似ています。治る病気ではありますが、適切な治療をしないと重症化、長期化する可能性があり、悪化すると、生きる意味を感じられなくなり、自殺に結びつくこともあります。早めに適切な治療を行うことが大切です。

女性が発症しやすいワケ

うつ病は、環境、遺伝、性格、脳の働きの異常など、さまざまな要因との関連が明らかになってきており、これらの要因が複合的に関わって症状が表れるとされています。なかでも、発症するいちばんのきっかけはストレスだと言われています。母親の多くが、育児ストレスを抱えていることは前に述べましたが、そういう意味でも、園や学校の保護者のうつには、十分注意が必要です。

また、うつ病は、男性より女性に多く発症することもわかっており、これにはホルモンが大きく影響しています。女性ホルモンは神経系との関わりが深いため、そのバランスが崩れることで、ストレスへの抵抗力が低下し、うつ病を発症しやすくなるのです。女性の場合、妊娠、出産、更年期と、女性ホルモンが大きく変動する時期があり、また、月経による毎月のホルモンの変動もあります。このことからも、女性のほうが、よりリスクが高いことがわかるでしょう。

どんなようすに気をつけたらよい？

うつは、軽い落ち込みや体調不良から始まり、やがて症状が悪化していきます。自然によくなることも多いのですが、再発しやすいのも特徴です。

うつな気分は、だれもが日常的に経験する状態であるだけに、軽いうつ病は見逃されやすいものでもあります。また、まじめで責任感の強い人がかかりやすいと言われていることからも、調子が悪くてもなかなか他人に訴えない傾向があります。実際、本人が病気であるという意識を持たないことも多いので、周囲の「気づき」が重要です。

左の表は「うつのチェックリスト」です。これは、うつ病の診断やラベリングをするためのものではありません。支援者は自身のチェックはもちろん、周囲の気づきのきっかけとして活用してく

■うつのチェックリスト

子育て中の保護者を想定したチェックリストです。これらの症状が２週間以上続き、日常生活に支障が出ているときは専門家に相談してみましょう。

- □ 急な体重の変化がある（１ヵ月で±５Kg 以上）
- □ 最近、疲れているのに眠れない。または何時間寝ても眠い
- □ 寝すぎだと感じている
- □ だるさや頭痛、吐き気がある。胃腸の調子が悪くなる
- □ 以前より無表情になった気がする
- □ なぜか悲しくなり、話していると、すぐ涙ぐむ
- □ うまくいかないと、自分が悪いと思ってしまう
- □ 周囲から否定されている気がする
- □ マイナス思考が強くなり、何かと心配になる
- □ 家事や育児ができないだめな親だと思う
- □ イライラや焦りを感じる
- □ 言われたことを覚えていない
- □ 何事も決定を先送りにし、行動できない
- □ 朝がつらく、園や学校に子どもを送り出すのが困難（子どもは元気なのに欠席が多くなる）
- □ 他の保護者や支援者との会話が少なくなる
- □ 保護者会活動や地域活動に参加しなくなる
- □ 長期間子どもの健診をしていない
- □ 買い物などで外に出なくなる
- □ 子育て、家事がおっくうになる
- □ 以前楽しんでいた趣味やスポーツなどをやらなくなった
- □ 身だしなみに気を使わなくなった
- □ 子どもを過度に叱ったり、夫婦げんかをよくしたりする
- □ 子どもの将来に悲観的で絶望感がある

ださい。また、回復した人が自己管理の意味を含めて行うことで、再発防止につながります。

症状はさまざま

うつ病の症状は実にさまざまです。自覚症状は人によって異なり、同じ人でも、時間の経過とともに状態が変わっていくことがあります。朝がもっともひどく、夕方には元気が出てくるという「日内変動」が多く見られます。また、天候の影響も受けやすく、雨や曇りで暗い日などに症状が強くなる傾向もあります。そのほか「そう状態」（普段よりハイテンションで活動的な状態）を伴うもの、秋から冬にかけて症状が起こる「冬季うつ病」と呼ばれるもの、さらに産後や引っ越し後に発症するものもあります。

●うつ病の主な症状

◎気分の落ち込み

うつ病の中心的な症状で、「憂うつ」「悲しい」「さびしい」「むなしい」「つらい」「つまらない」など、人によって訴えかたはさまざま。興味や喜びの感情が喪失し、いままで好きだった趣味やスポーツがつまらなくなることも。人によっては、イライラしたり突然涙が出たり、不安や焦りを感じることもある。

◎気力の減退や活動性の低下

気力や意欲・性欲の低下。何をするのもおっくうになり、仕事や家事、子どもの世話をするエネルギーもなくなり、身だしなみに無頓着になる。話のテンポが遅くなり、返事に時間がかかることもある。

◎決断力・集中力の低下

考えがまとまらず、決断力は低下。仕事に集中することができず、同じことでも以前より時間がかかり、ミスが多くなることも。

◎身体症状

腹痛、便通異常、吐き気、肩凝り、腰痛、関節痛、頭痛、手足のしびれや冷え、どうき、息切れ、胸の痛み、耳鳴り、めまい、口の渇き、味覚障害、けん怠感、疲労感、月経不順、摂食障害など。これらの身体症状が前面に出るタイプを、「身体症状の仮面をつけたうつ病」という意味で、「仮面うつ病」と呼ぶ。このタイプは、精神症状がないか、あっても軽いため、体の病気とまちがわれやすく注意が必要。

周囲のサポートが大切

うつ病などの精神疾患は、専門家による適切な治療が欠かせません。精神科に抵抗がある場合は、内科でもかまいません。まず、保健センターに相談し、必要に応じて病院につなげてもらうのもよいでしょう。病院での治療は、薬物療法が主体で、最近は副作用が少ないものもありますが、やはり周囲のサポートが欠かせません。そこで、家族や支援者など、身近な人が気をつけたいポイントを挙げておきましょう。

●周囲の対応のポイント

◎正しい知識を持つ

まちがった関わりをしないよう、周囲が病気のことをよく知っておく。そのため、病院にはできるだけ家族が同行する。本人の訴えだけでは、わかりにくい場合があるため、適切な治療を進めるうえで重要。

◎話をしっかり聴き、受け止める

不安、焦りなど、さまざまな悩みを訴えてきたときはしっかり聴く。話に矛盾を感じるようなこともあるが、否定せず、受け止める。

◎励ましたり、叱ったりしない

人から励まされると、自分を責め、よけいに落ち込んでしまう傾向がある。「がんばって」「しっかりして」「早くよくなって」などの叱咤激励《しったげきれい》は禁物。また、本人が望む場合以外は、無理に外出やスポーツなどに誘わない。

◎焦らない

少し回復してくると、本人は無理してがんばってしまう。周囲もなかなか本調子にならないように焦りがちになるが、そこをぐっとがまんして、本人が無理をしているときには、必ず治る病気だということを伝えつつ、ブレーキをかけるようにする。

◎休養できる環境を整える

本人が母親の場合、家事や育児のサポートが必要。家族が無理ならば、ホームヘルパー、ファミリーサポートなどの制度を利用し、しっかりと休養できる環境を整える。

◎子どもの心のケアを忘れずに

子どもが見捨てられ感を抱いたり、自分のせいだと思ったりしないよう、家族や周囲が十分に愛情を注ぎ、気持ちの安定を図る。

＊参考文献
『女性のうつ病』著／野田順子（主婦の友社、２０１８）
『「うつ」に陥っているあなたへ』監修／野村総一郎（講談社、２００２）

Type
5

いつも慌ただしく、イライラしている

激務の保護者に多く、日々の忙しさがストレスになっているタイプです。時間にも気持ちにも余裕がなく、つい子どもを叱ったりしてしまいます。

一日を振り返って整理してみる

たとえば、帰宅時、子どもが少しでもさわいでいるとイライラするという保護者に、「『イライラしなくて、おだやかだった』のは、どんなときですか?」と尋ねると、「仕事が早く終わり、時間に余裕があるとき」と答えました。さらに尋ねると「毎朝イライラする」と言うので、「イライラしない朝はどんなときですか？」と聞くと、「前日、子どもが寝るときに、絵本を読んであげたり、一緒にリラックスできたとき」と言います。なぜイライラしなかったかというと、時間的な余裕があったので、子どもを怒らずに待つことができたから……といったことがわかってきました。

このように生活を振り返って整理していくと、なぜイライラしてしまうのか、どの部分を変えれば状況が好転するか、というポイントが見えてきます。**支援者が質問しながら一日を振り返り、保護者自身が「これならできそう」と思うところから、少しずつ変えるようにしていく**とよいでしょう。

「やることリスト」を作ってみよう

さらに具体的な提案として、「やることリスト」を作ってみてもよいかもしれません。

「今日やらなくてはいけないこと」「一週間のうちにやること」「一か月以内にやること」などと項目を分け、優先順位がわかるように書き出していきます。すると、「今日やらなくてはいけないこと」の中に、一日ではとても無理な量の事がらが入っていることがあります。その場合は、「**今日中にやらなくてはいけないことか**」、**また**「**ほんとうにやらなくてはいけないことなのか**」「**ほかの人に任せられないか**」**といった観点で見直し、一日に無理なくできる量に調整**していきます。

こうして、ワークバランスを調整することで少し時間と気持ちに余裕ができると、子どもを見る目が優しくなり、子どもとおだやかに関わる時間を持つことも期待できます。

親の心身を健康に

このとき優先順位の最上位に位置づけてほしいのが、保護者自身の「食事」と「休息」の時間です。忙しさから、食べていない、寝ていない、という人が非常に多いのです。「マズローの欲求の階層」理論（21ページ参照）は、保護者支援にも参考になります。基本的欲求を下から満たしていくと、心身ともに活力が出て、安定してきます。

なかでも休息、「リラックス」は重要な要素です。保護者の中には、「リラックス法がわからない」「自分がリラックスするなんて考えたこともない」という人がいます。そういう人には、まず、**「それくらいがんばっているのですね」などと言葉をかけたうえで、「親がリラックスしているときは子どもが安定している」ということに気づいてもらう必要があります。**

「リラックスすると、子どもを叱る回数が減る」ということを実感すると、自分自身がリラックスすることの大切さがわかります。具体的なリラックス法は、人によって違います。いっしょに探してみましょう。

一時、子どもから離れることも

「子どもにとても手がかかり、リラックスなんてできるわけがない」という保護者もいます。かといって、障害があるなどの「育てにくい子ども」だと、親せきや近所の人には、なかなか預けづらいでしょう。その場合は、**専門機関（放課後等デイサービス、療育施設など）を利用するなどして、子どもと離れる時間を少しでも作ることが必要です。**支援者は、一時保育（リフレッシュ保育）

をはじめ、さまざまなサポートの存在を紹介するなど、関係機関につないでほしいと思います。診断がなくてもＮＰＯなどで療育を行っているところもあります。

虐待の勘違いに注意

親は忙しいとストレスでイライラしがちです。子どもはそんな大人の事情を理解することはできないので、「話をまったく聞いてくれなかった」「いつも否定された」という思い込みが続き、大きくなってネットの情報などから、自分は被虐待児だったのだと勘違いすることがあります。

たとえば肩を叩こうと思ったときに首に手が当たって、親からすればたいしたことではないと思う場合でも、子どもにとっては首を締められたと恐怖心を感じるようなトラウマにつながることがあります。感情の言語化を促し、勘違いや思い込みを小さい頃から修正していくことが重要です。

そのためにも自己開示できる子、そして傾聴できる親という親子関係を支援していく必要があります。親子双方が勘違いしていることもあるので、支援者はお互いの言い分をきちんと通訳するための事実確認が大切です。

ポイント

- ◉一日を振り返り、整理することで、改善点を見つける
- ◉「やることリスト」で、優先順位を決める
- ◉保護者支援にも、「マズローの欲求の階層」理論を活用する

Type
6

いつも機嫌が悪く、子どもを叱っている

子どもに冷たい印象で、すぐに叱ってしまうタイプの保護者です。支援者が子どもの話をしても興味を示さず、「産むつもりじゃなかった」「この子のせいで……」とこぼすこともあります。

保護者の気持ちに寄り添って

このような保護者に多いのが、バリバリと仕事をこなし、職業人として充実していたけれど、結婚や出産を機に希望の職から離れたという人。やりがいを感じて仕事をしていた自分と、いまの自分とを比べ、満たされない思いでいっぱいの状態

です。この現状への不満が「この子のせいでキャリアを捨てなければならなかった」という思いにつながることもあります。

このような場合、支援者が「もっと子どものことを考えてあげてください」「子育てって楽しいですよ」などと言っても、保護者の不満は募るばかりです。まずは、保護者の気持ちに寄り添うことを考えましょう。

たとえば、「イライラしたとき、どんな感じになりますか？」などと聞いてみます。そこで初めて、「そういえば、子どもを叱ってしまっている」と気づくことがあります。このとき、支援者は即否定するのではなく、「イライラすると、つい子どもにあたってしまいますよね」と共感を示してください。そして、保護者がいま不満に思っていることを、十分聴き取ってください。まず、本人が「なんでこんなに子どもがかわいいと思えないのか」に気づき、「イライラの原因は子どもではなく、自分自身にある」と自覚することが大切です。

発想の転換ができるように

そしてその後は、**発想の転換ができるよう、それぞれに合わせた考えかたのヒントを伝えていく**とよいでしょう。

たとえば、「いつになったら、このつらい子育てから抜け出せるのか」と思っているような人には、「いま、しっかり関わって親子の信頼感ができれば、子離れも早いですよ。そうすると子育ても楽になるし、そのほうが仕事復帰も早くできるかもしれません……」というように伝えると、少し見通しが持てて、安心するかもしれません。

また、職種によっては、「育児が今後のキャリアにプラスになる」と伝えることで、発想の転換ができる場合もあります。実際にあったケースですが、インテリアデザイナーだった母親に、「子育ての経験が、きっと今後に生きてくるはず」と伝えたところ、すんなり受け入れられたことがありました。子育てが仕事のキャリアにとってマイナスではないという発想の転換ができると、子育てへの思いが変わることもあるのです。

「虐待」が疑われるときは、専門機関に

ただ、それでも、なかなか気持ちを変えられない保護者もいます。イライラの矛先が子どもに向かったり、抱えたストレスの重さから、育児へのエネルギーをなくしたりして、子育てが困難になるケースも少なくありません。

とくに、いままで仕事などで高い評価を受け、自信を持っている人は「やりがいがほしい」、優秀な子どもでいてほしい」という焦りや不安が、「何かをコントロールしたい」という欲求に向かいがちです。それが子どもに向いたとき、虐待を含めた不適切な関わりにつながることもあるので、早期の気づき、支援が重要です。

父親にその傾向があり、母親が悩んでいることもあります。とくに小学校受験などの「教育虐待」は、対応がむずかしいものです。

少しでも虐待が疑われる場合は、園長・校長や主任に相談し、関係機関につなぐことを考えましょ

う。虐待は、子どものようすからもキャッチすることができます。190・191ページのチェックリストを参考にしてください。

ポイント

◉「子どもの犠牲になっている」と思ってしまう背景を知り、保護者の気持ちに寄り添う
◉それぞれの保護者に合わせて、発想の転換ができるようなヒントを伝える
◉「虐待」が気になるときは、他の専門家にも相談し、早めに対応する

プラス
解説

「虐待」が疑われたら

虐待には、早期発見・早期対応が重要です。虐待のサインを見逃さず、判断を誤らないためにも、発見から対応の流れを園や学校全体で確認し、しっかり頭に入れておきましょう。

■保護者のようす

- □ 子どもの要求をくみとることができない（要求を予想したり理解したりできない、なぜ泣くのかがわからないなど）
- □ 子どもが新しいあそびや遊具に関心を持つことを好まない
- □ 子どもとあそぶときに、必要以上に距離を置こうとする
- □ 子どもと自分とが対等な存在だと感じ、自分を脅かす存在と見ている
- □ 2～3歳の頃から、子どもを甘やかすのはよくないと強調する
- □ 保護者の気分の変動が激しく、自分の思いどおりにならないとすぐに無視したり叩いたりする
- □ 子どもに心理的に密着しすぎるか、まったく放任か、極端なようすが見られる
- □ 子どもに、能力以上のことを無理やり教えようとする
- □ 子どものけがなどについて、不自然な状況説明をする
- □ 支援者との接触を拒む
- □ 夫婦関係や経済状態が悪く、生活上のストレスになっている
- □ 周囲に相談相手がなく、孤立している
- □ アルコール、覚せい剤、麻薬の乱用の疑いがある

■子どものようす

- □ よくけがをするが、原因がはっきりしない。手当てが十分でない
- □ 特別な病気がないのに、発育が悪い
- □ 表情が乏しく元気がない
- □ おびえた泣きかたをする
- □ 予防接種や健診を受けていない
- □ 衣服が汚れていたり、異臭がしたりする
- □ 保護者やきょうだいの服装と比べて、差がありすぎる
- □ 長期間入浴していないようすが見られる
- □ 季節や気温にそぐわない服装をしている
- □ 年齢に適した基本的な生活習慣が身についていない
- □ 過度に緊張し、視線が合わせられない。警戒心が強い
- □ 集中できない
- □ 集団に入れない。他の子と関われない（幼児）
- □ 保護者がいると、顔色をうかがっているが、一度離れるとまったく無関心
- □ 身体接触をいやがる（抱こうとすると逃げる、抱き上げると身を硬くする、おむつを替えようとしたり着替えをさせようとしたりすると怖がるなど）
- □ おねしょをする
- □ 奇妙な「よい子」（大人の期待どおりに行動しようとする、必要以上に他の子の世話をしようとする）
- □ 接触の機会を重ねても関係が深まらない
- □ 他の子に対して乱暴（ささいなことでも執拗に攻撃する）
- □ 虫や小動物を殺したり、いじめたりする
- □ 転んだりけがをしたりしても泣かない。助けを求めない
- □ 一度はめをはずすととめどなく、コントロールがきかない
- □ 食事やおやつをむさぼるように食べる（または人から隠すようにして食べる）
- □ 支援者を試したり、独占しようとしたり、他の子を排除しようとする
- □ 連絡もなく欠席する
- □ 性的な興味を持つのが早い

早期発見のためのチェックリスト

190・191ページのチェックリストは、支援者が虐待を早期発見するための目安となる項目です。この中のいくつかの項目が当てはまるようなら、虐待の可能性が考えられますが、各項目にこだわりすぎず、日常的に親子と接する中で全般的に見て判断してください。

初期対応の流れ

虐待ケースの対応は、児童相談所が中心になって行いますが、日々親子に関わる幼稚園・保育園は、とくに初期対応においてとても重要な役割を担っています。

第一には、「保護者をサポートし、虐待を未然に防ぐ」という予防的関わりです。

保護者が無意識に行っていることが、子どもに対して不適切な関わりになる場合があるので、注意が必要です。たとえば、いまだに残っている「叩いてしつける」ことを親の役割とする考え、「謙譲が美徳」という思いから、「うちの子は何をやってもだめなんです」と、セルフエスティームが下がる内容を子どもの前で言うこと、これらが「子どもの成長に害を及ぼす」場合があります。

こうした認識を保護者が持てるよう、知らせていく関わりも大切です。

第二には、「親子の気になるようすをキャッチして、早期に的確な対応を行う」ことも、支援者としてとても重要な役割です。

大人2万人を対象にした意識調査では、しつけのために体罰を容認する人が約4割にのぼります（公益社団法人セーブ・ザ・チルドレン・ジャパン、2021年）。日本ではようやく親による体罰禁止を盛り込んだ改正児童虐待防止法と改正児童福祉法が成立し、2020年4月から施行されました。一方、世界ではすでに65カ国が体罰を法律で禁止しています。

虐待は通告の義務があり、それがまちがいであっても通告者が責められることはありません。気になるようすが見られたときに適切な対応ができるよう、初期対応の流れを確認しておきましょう。

園・学校

虐待の疑い

園長・校長などに相談

情報収集
●保育記録、健診記録やその日のようすなどで現状を把握。

内部検討
緊急会議

●情報やチェックリスト（190・191ページ参照）などを参考に、緊急性や他機関の協力の必要性の有無を判断。

緊急性は？
なし
あり

他機関協力の必要性は？
なし
あり

通告（相談）

地域ごとに担当の児童相談所がある。事前にその連絡先（夜間、休日の連絡先も含めて）を、電話のそばに掲示しておくとよい。

緊急受理会議

通告の段階で知りえた情報をもとに、初期対応を検討する。

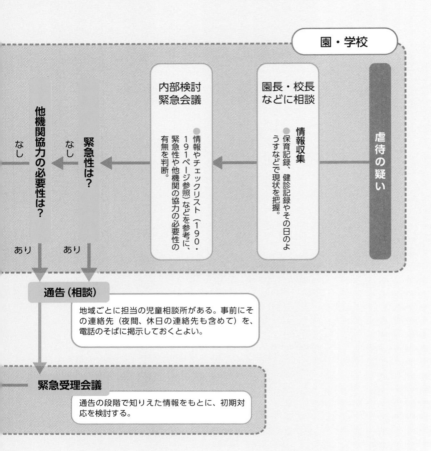

虐待を疑ったときの初期対応

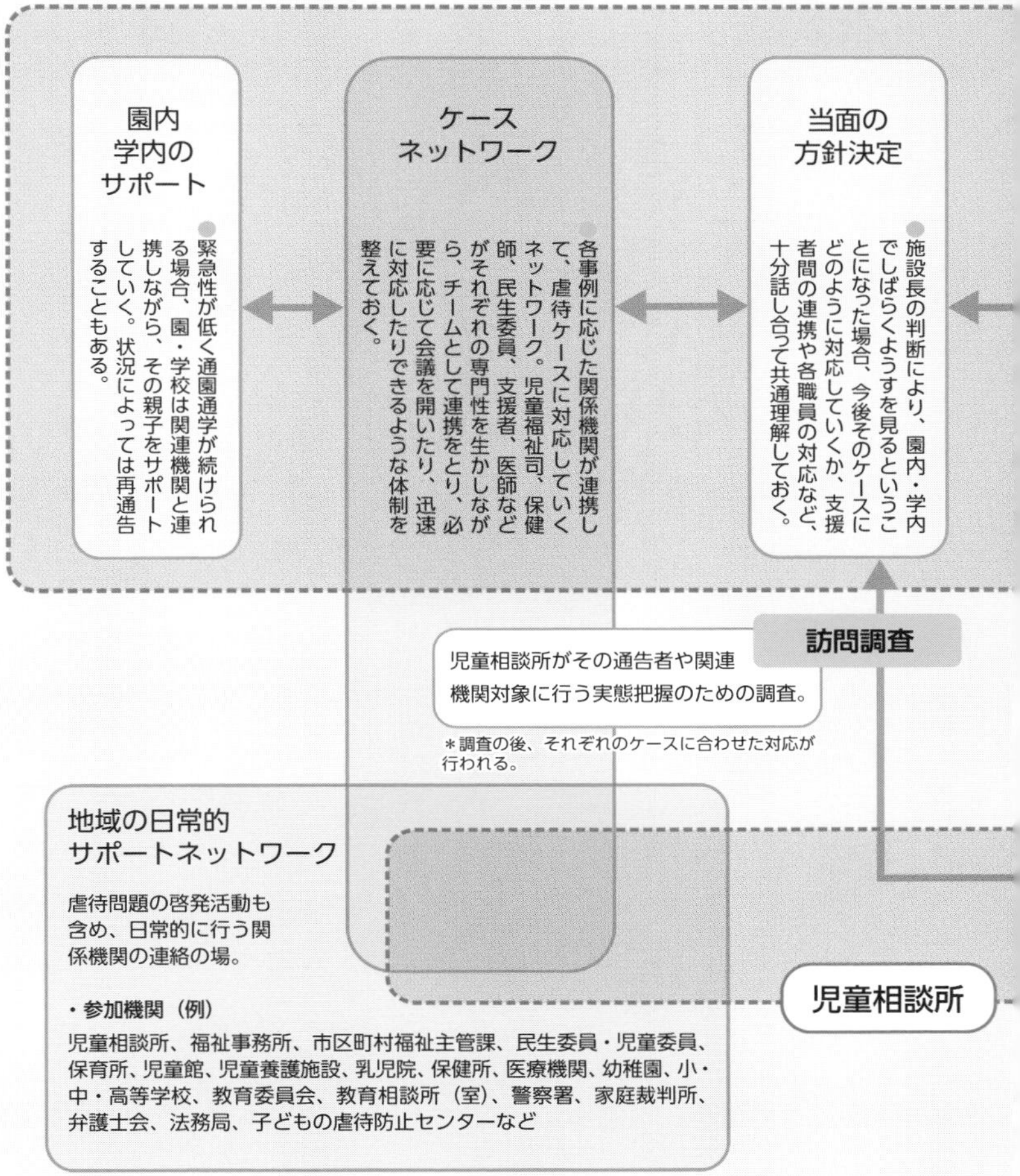
園内
学内の
サポート
●緊急性が低く通園通学が続けられる場合、園・学校は関連機関と連携しながら、その親子をサポートしていく。状況によっては再通告することもある。
ケース
ネットワーク
●各事例に応じた関係機関が連携して、虐待ケースに対応していくネットワーク。児童福祉司、保健師、民生委員、支援者、医師などがそれぞれの専門性を生かしながら、チームとして連携をとり、必要に応じて会議を開いたり、迅速に対応したりできるような体制を整えておく。
当面の
方針決定
●施設長の判断により、園内・学内でしばらくようすを見るということになった場合、今後そのケースにどのように対応していくか、支援者間の連携や各職員の対応など、十分話し合って共通理解しておく。
訪問調査
児童相談所がその通告者や関連機関対象に行う実態把握のための調査。
＊調査の後、それぞれのケースに合わせた対応が行われる。
地域の日常的
サポートネットワーク
虐待問題の啓発活動も含め、日常的に行う関係機関の連絡の場。
・参加機関（例）
児童相談所、福祉事務所、市区町村福祉主管課、民生委員・児童委員、保育所、児童館、児童養護施設、乳児院、保健所、医療機関、幼稚園、小・中・高等学校、教育委員会、教育相談所（室）、警察署、家庭裁判所、弁護士会、法務局、子どもの虐待防止センターなど
児童相談所

出典『見過ごさないで！　子どもたちのSOS ―虐待から子どもを守り、保護者を支えていくために』著／庄司順一、高山恵子ほか（学研プラス、2003）を一部改編

Type 7

園や学校、支援者へのクレームが多い

園や学校や支援者に対して、クレームや一方的な注文が多く、支援者が「関わりづらい」と感じる保護者です。

クレームに隠れた背景を知ろう

支援者は、このような保護者に対して、苦手意識が先に来てしまい、サポートすることまで考えが及びにくいかもしれません。なかでも支援者からよく聞くケースのひとつに、「（あなたには）子どもがいないからわからないでしょ」と言われるケースがあります。こう言われてしまうと、若く経験の浅い支援者は、どう対応すればよいのかわからず、コミュニケーション不全になってしまいます。ただ、こうした態度をとる保護者は、なんらかの問題を抱えていることがあります。本人が言っているクレームや注文とは別のところで、ストレスを抱えていることも多く、その余裕のなさが、外への攻撃的な態度として表れてしまうこともあるようです。

たとえば、支援者が「お子さんのためにも○○してください」など、指導的な口調で言ったことはないでしょうか。そのとき、保護者がストレス状態にあって余裕がなければ、支援者の話を受け止めることができません。人によっては、「あなたに、そんなことを言われたくない」という思いが相手を攻撃する姿として表されることもあるのです。とくにセルフエスティームが低くなっている人ほど、批判的な反応をする傾向があります。

保護者が言いたいことをまずすべて聴く

こういった場合、その保護者は、直接その支援者に言うより、園長・校長・教育委員会などに不満を訴えることが多いようです。その際、保護者に「○○は子どもがいないけれど、専門性を持っていて……」とフォローすると、保護者の気持ちの行きどころがなく、かえって溝を深めてしまいます。

まずは、至らない点があったことを謝り、具体的にどの対応がいけなかったのか、じっくり話を聴くことが肝要です。苦情の対象になった支援者もいっしょに話を聴けるとよいのですが、保護者側の要望で、同席がむずかしいこともあります。その場合でも、行き違いがないよう保護者とのやりとりは必ず伝え、情報を共有するようにしましょう。

「ほんとうの思い」が語られたら

保護者の話をしっかり受け止めていると、しだいに、保護者の根底にあるストレスの原因や、支援者に対する要望が明確になってきます。実は、「周りの保護者から、だめな親と思われているのでは……」「子どもの将来が心配だが、自分には……」といった「保護者が自分で作り出している不安」が原因だったという場合もあります。

自分の思いがはっきりしてくると、保護者はストレートに悩みを相談するようになっていきます。ストレスをクレームの形で表す必要がなくなると、しだいに、苦情がなくなっていきます。

ただ、「あなたにはわからない」と言う保護者の中には、きちんとした理由があって、ほかの支援者に対応してほしいと希望している場合もあります。たとえば、障害のある子どもへの支援など、専門的な対応を期待している保護者に対しては、ベテランの支援者といっしょに話を聴いたり、巡回指導を活用したり、周囲に協力を仰ぎながら十分な対応ができる態勢を考えましょう。

ポイント

- ◉保護者のほんとうの気持ち、願いを聴く
- ◉保護者が自分で作り出している不安などがないか、考える
- ◉ひとりで抱え込まず、内部で協力態勢を作って、情報を共有する

プラス解説

保護者の発達障害

大人の発達障害については、かなり情報が増えてきたものの、同時に誤解されていることもあります。園や学校の保護者の中にも、この問題を抱えている人がいる場合があります。保護者支援のひとつの視点として、大人の発達障害について理解しておきましょう。

「関わりづらい」と感じたら

「お知らせや提出物をひんぱんに忘れる」「送り迎えの遅刻が多い」「場違いな発言が多い」「人が傷つくようなことを平気で言ったりする」。このような保護者への対応に悩んでいる支援者が意外と多いのです。

子どもの発達障害についてはだいぶ支援が広まってきましたが、大人の発達障害については、具体的なサポート方法がまだあまり知られていないのが現状です。しかし、支援者が「関わりづらい」と感じる保護者の中には、自身が発達障害を抱えているケースが少なくありません。メンタル面のケアを行ってもまったく変化がない場合、一度、発達障害という視点でとらえてみる必要があるかもしれません。

とはいっても、いきなり診断を勧めるということではありません。保護者にある特性を理解して関わることが、支援者として重要なサポートです。発達障害によって生じる「生活のしにくさ」は、周囲のサポートや環境の工夫によって軽減できます。

保護者と関わるうえで重要な留意点は、次の3点です。

❶相手に悪気がないことを忘れない

❷相手の得意な面を理解し、工夫に役立てる

❸相手が苦手な面については、どうしたら困難が減るかをいっしょに考える

特性に合わせた関わりの工夫

具体的な支援は、発達障害のある子どもへの対応と基本は同じ。本人が何に困っているかを知り、それに合わせて環境や関わりかたを工夫することです。

たとえば、ＡＤＨＤの注意散漫という症状があると、お知らせした行事の日程を忘れてしまうことがあります。このような場合、おたよりを渡すだけでは不十分かもしれません。ひと目でわかるように、**書面の日時のところにアンダーラインを引く、一度連絡をしたとしても必ず直前にもお知らせをする、メールを活用するなど、相手の苦手な部分に合わせた「思い出す工夫」を考えます。**

遅刻が多い場合、保護者の「段取りがうまくいかない」という特性から、朝のしたくに手間取っていることも考えられます。このようなときは、やることの優先順位を考えたうえで、朝のしたくの手順を書き出して貼っておくように勧めてみましょう。目で見て確認しながら進められるので、わかりやすくなります。

ＡＳＤ（自閉スペクトラム症）の場合は、社会性やコミュニケーションの困難さがあります。このような傾向が保護者にある場合、「関わりづらい人」ととらえられているかもしれません。たとえば、言葉以外のメッセージを理解しにくいため、その場の状況を察して行動することができず、保護者会活動などでは、「気がきかない」と思われてしまうことがあります。そんなときは、支援者が「いすを3列に並べてください」など、具体的に指示を出すようにします。するべきことが明確になれば、しっかり行動に移します。すると、周囲の評価も高まり、本人も活動に参加しやすくなるでしょう。

また、懇談会などの際、ひとりで延々と話し続け、他の保護者からひんしゅくを買ってしまうことがあります。このようなときは支援者が、その保護者が答えられそうな内容を具体的な質問形式で尋ねてみるとよいでしょう。そして頃あいをみて話を区切り、「○○さんの意見、とても参考になりました。ありがとうございました」などの言葉を添えると、周囲から見たその保護者の印象もよくなります。

親子いっしょに支援する

そのほか、子どもに気になるようすが見られ、園や学校と家庭が連携して対応を考えたいというときも、保護者に発達障害があるとうまく進まないことがあります。

たとえば、「整理が苦手」という特性が親子ともにあるとき、保護者が子どもに片付けかたを教えられない、ということがあります。この場合、「定位置を決めて元に戻す」という基本を親子で身につけられるようなサポートが必要です。支援者は、「持ち物リスト」を作って、出かける前にひとつずつチェックするといった具体的な方法を伝え、実行してもらうようにするとよいでしょう。

このように、子どもへの対応を行っているうちに、保護者自身、「自分も忘れやすいからこの工夫は役立つのでは？」と気づくことがあります。わが子のことで、本を読んだり専門家に話を聞いたりする機会が増え、そこで知った障害の症状や特性などが、自分にも当てはまり、「自分もそうかもしれない」と思うケースが多いのです。

自分にある特性に気づいた保護者の中には、支援者に相談を持ちかける人もいます。その際、専門機関を紹介するというのもひとつの方法でしょう。しかし、大人の発達障害の診断を行うのは専門家でもむずかしいことです。

なぜなら、診断には発達段階に基づいた判断が求められますが、大人の場合、その発達過程の正確かつ客観的な成育歴を知ることが非常にむずかしいという側面があるからです。支援者としては、診断名にこだわらず、その人の特性を知ったうえで十分に話を聴き、適切な関わりを保護者といっしょに考えていく、という姿勢を大切にしてください。

特性それ自体は障害ではありません。周囲の工夫や理解があればトラブルは減少します。

二次的障害がある場合

発達障害はわかりにくく、周囲からの誤解や叱責を受けやすいものです。本人がいろいろな工夫をすることで、個性や特性の範疇《はんちゅう》に入る場合もありますが、大人の場合、子ども時代からのつらい経験の積み重ねから、自律神経の乱れ、うつ、摂食障害などの二次的障害が出ているケースが非常に多くあります。

実際、発達障害には気づかず、二次的な症状を改善するために、精神科を受診することがまだ多いのです。しかし、二次的とはいえ、その症状で苦しんでいるのは事実ですから、発達障害の診断に固執するより、いま表れているメンタル面のケアを考えてください。重要なのは、日常生活での支障を、単なるわがまま、自己中心的ととらえず、**「保護者自身も困っているのでは？」という視点でとらえる**ことです。

親自身が虐待を受けた可能性も視野に入れる

保護者自身に少しでも発達障害の特性がある場合、さらにその保護者は発達障害の情報がなかった世代ですから、「言うことを聞かないだめな子」ときつい言葉を浴びせられた可能性が高いでしょう。「集団活動がきちんとできる普通の子に育てなければいけない」などと、その特性を理解されないまま、親から厳しくしつけられた経験があるかもしれません。

親に厳しく育てられていたとしても、１４７～１４８ページの保護的因子（ＰＡＣＥ）がその後の人生で増えていれば、メンタルヘルスの健康度はある程度維持されると考えられますが、セルフエスティームの低さや、親子関係のトラブルでのトラウマを抱えている可能性もあります。その点も配慮して、子どもだけでなく親を支援するという視点が重要です。

Type
8

特定の支援者に依存する

特定の支援者ひとりに頼り、相談を持ちかける保護者がいます。「先生にだけ言います」「だれにも言わないで」と言うこともあります。

園や学校全体で見ていることを強調して

このように頼られると、支援者は「自分がなんとかしなくては」と思い、ついひとりで抱え込んでしまいます。しかし、それで深みにはまってしまうと、後で取り返しのつかないことになる場合があります。「あなたにだけ」などと言われた場合、まずは冷静になることが大切です。

そもそも、なぜ、自分にだけ言うのかを考えてみてください。他の支援者に知られてはまずいことがあるのかもしれませんし、自分の注意を引きつけておきたい、という気持ちからなのかもしれません。

まず、「わたしを信頼してくださって非常にありがたいです」と伝えたうえで、「わたしひとりでお子さんを見ているわけではないので、ほかのスタッフも知っておいたほうがいいと思います。いかがですか？」と聞いてみます。**どんな内容でも、ひとりで抱え込まないのが基本**です。園や学校全体で子どもを見ているということを強調し、最低もうひとり「この人なら言ってもいい」と思える支援者を、保護者に挙げてもらうようにしてもよいでしょう。

一定のルールを持って話を聞く

このように持ちかけても、「絶対に他の人には言わないで」という保護者もいます。そのようなときは、十分話を聞いたうえで、少し時間をかけても大丈夫そうな内容であれば、そのまましばらくようすを見ます。実際、家庭での不満など、ため込んでいる思いを聞いてもらえただけで、ストレスが発散できたというケースも少なくありません。

ただ、落ち着くまでしばらくは、ひんぱんに声をかけてくると思いますので、**プライベートの時間での相談は受けない・プライベートな連絡先は教えないなど、一定のルールは作っておきましょう**。そうしないと、支援者が疲労困憊してしまいます。

専門的な対応が必要なケースも

このように特定の支援者に依存してくる保護者の中には、パーソナリティ障害など、保護者自身がメンタルの問題を抱えていることがあります。この場合は、ひとりの支援者では支えきれないので、早いうちに専門家につなぐようにしましょう。

ただ、パーソナリティ障害の傾向がある保護者かどうか、すぐには判断できないかもしれませんし、決めつけは禁物です。しかし、パーソナリティ障害の傾向がある保護者への対応は、慎重な配慮が必要とされます。こういった障害の知識を得たうえで、支援者の間で情報を共有し、「保護者からの相談は必ず複数のスタッフで共有する」など、保護者対応に関して統一したルールを作っておく必要があります。

また、支援者ひとりで抱え込まないためにも、「**方針として、何事も園や学校全体で情報を共有して対応する**」ということを、入園式のときなど初めに伝えるのもよいでしょう。

ポイント

- ◉保護者には、何事も園や学校全体で対応するという姿勢を知らせ、決してひとりで抱え込まない
- ◉園や学校全体で、保護者対応のルールを決めておく
- ◉保護者自身のメンタル的な問題も視野に入れて考える

プラス解説

知っておこう　パーソナリティ障害

虐待や虐待が疑われるケースの親子支援は支援者の負担が大きいものです。親や子どもの怒りに直面し、否定的な言葉をかけられ、支援を継続することがストレスになることもあるでしょう。マズローの欲求の理論は、支援者にとっても重要です。またひとりでがんばらず、悩みを相談できる職場環境も重要です。

ひとりの支援者だけに過剰に依存してくるような場合、パーソナリティ障害を抱えているケースがあります。その場合、支援者がひとりで抱え込むと、双方に大きなマイナスが生じることがあります。

従来は、「人格障害」という名称が一般的でしたが、「人格」という言葉を使うことで「人間としてなっていない」という強い否定感を抱かせるため、最近では、偏見を避けるためにも「パーソナリティ（機能）障害」と呼ぶようになりました。

境界性パーソナリティ障害・診断の目安

「パーソナリティ」とは、単に「性格」だけでなく、他の人や周囲のできごととどのように向き合い、関わっていくかなど、認知（もののとらえかたや考えかた）や感情、衝動コントロールなど、その人の行動パターンすべてを表します。そして、外部と関わるうえで、パーソナリティ機能の偏りから、社会に不適応を起こす状態が「パーソナリティ障害」です。

パーソナリティ障害には、いろいろな種類があり、その分類法もさまざまですが、ここではとくに支援者が出会う可能性がいちばん高いと思われる「境界性パーソナリティ障害」について解説します。

この障害は、3対1の割合で女性に多く、年齢のピークは、20～30歳代です。そして、診断の目安となる主な特徴は、「見捨てられ不安」「分裂」「問題行動」の3つです。

●境界性パーソナリティ障害の主な特徴

◎見捨てられ不安

3つの特徴の中でもっとも大きなもので、「周囲の人から見捨てられるのではないか」という強い不安感のことを言います。これは、幼い頃からの「親に見捨てられるのではないか」という強い孤独への不安からくるのが一般的です。

実際に、ネグレクトなどの虐待の問題がなくても不安が強く、小さい頃から、親に見捨てられないようにと「よい子の仮面」をかぶっています。しかし成長するにつれ、よい子にしているだけでは解決できない問題が出てきたとき、幼い頃の「見捨てられ不安」がどっとあふれ出して、激しい感情を引き起こすのです。

親しい人との別れ、友人とのけんか、約束を破られた、といったことがきっかけとなることが多いのですが、とくにきっかけとなるできごとがなくても、突然不安感に襲われるケースがあります。

◎分裂（スプリット）

自分の中に、両極端な考えかたや行動を示す自分がいて、ふだんは「よい自分」でいますが、ふとした拍子に「悪い自分」が出てきます。悲しみや苦しみを感じたとき、それに立ち向かうために「悪い自分」が出てくるのですが、その変わりかたが激しいため、周囲は驚いてしまいます。

また、相手を「いい人」だと感じたときは、全幅の信頼を寄せ依存しますが、同じ人に対してでも、自分に否定的だと思うと、とたんに「いやな人」とみなし、拒絶したり、攻撃したりします。

◎問題行動

激しい感情にかられて、衝動的に問題行動を起こすことがあり、しばしば周囲が巻き込まれてしまいます。この感情の源は「見捨てられ不安」ですが、リストカット、薬物依存、過食、暴力などの自傷行為や破壊的行為が見られます。

また、自分を受け入れてくれる人に相談を持ちかけたかと思うと、悪いうわさを流して周囲の人間関係を壊そうとすることもあります。落ち込んだようすで相談してくるので、「ほうっておけない」と周囲の人に感じさせます。

支援者はけっしてひとりで抱え込まない

支援者が直面しがちなのは、この障害のある母親に依存されるケースです。つらそうな表情で、「あなたにしか相談できないんです」と言われると、支援者は、「なんとかしてあげなくては」と思ってしまいがちです。そして、親身になると、全幅の信頼を寄せられ、賞賛されるため、頼られたほうは悪い気がしないのも事実です。

しかし、こうした関係をひとりで抱え込み続けるのには、限界があります。いつしか支援者の私生活にまで影響を与えるレベルになり、支えきれなくなったとき、相手にさらなる「見捨てられ不安」を抱かせてしまうかもしれません。**最初から節度ある付き合いを徹底するほうが、長い目で見て相手のためになる**と知っておいてください。

できないことは、はっきりと断る

対応のポイントは、**できることとできないことを区別し、適度な距離を保つ**ことです。

日頃から、自分のできる範囲を明確にしておき、それを超える場合は、はっきりと「残念ですが、それは園や学校の規則なのでできないのです」と理由を明確にして断りましょう。毎晩のように自宅や携帯に長電話がかかってくる、というケースもよく聞きます。職場の方針もあるかもしれませんが、相談にのる場所は職場だけにし、プライベートな連絡先は教えないといったルールを決めておくとよいかもしれません。また、帰り際の忙しいときに、決まって声をかけてくるときは、「20

分ならお話できますが」などと、あらかじめ時間を伝えてから話を聞くようにしましょう。

相手のペースに流されないように

また、話を聞く際には、相手のペースに流されないように気をつけます。かといって、話半分に聞いていると、相手は敏感に察知しますので、「**聞き流さず、真に受けすぎない**」のがポイントです。同時に話のつじつまが合わないことがあるかもしれませんが、追及しないほうがよいでしょう。同僚の先生や同じクラスの保護者の悪いうわさを話されたときは、直接本人に確認するまで、判断を保留しておきます。そのためにも、日頃からの園や学校内での情報交換、協力態勢が重要です。

もし保護者がパーソナリティ障害を抱えているとわかった場合、ひとりの支援者が抱え込むのは危険です。特定の支援者が親身になりすぎて、共倒れするケースも多く報告されています。

日頃から、どの保護者に対しても適度な距離を保ち、節度ある付き合いを心がけましょう。気になるケースに出会ったら、園長・校長などに相談し、場合によっては専門家につなげることも考えます。幼稚園・保育園の場合は、まず保健所や保健センターなどに相談するとよいでしょう。

＊参考文献

『パーソナリティ障害（人格障害）のことがよくわかる本』監修／市橋秀夫（講談社、２００６）

おわりに

親子の多様性に寄り添う

本書は、わたしの著書である『育てにくい子に悩む保護者サポートブック』（学研プラス、2007年）がもとになっています。

2020年4月には、改正児童虐待防止法が施行されました。虐待の問題の背景には、核家族がさらに増加し、共働き家庭が増えつつあるにもかかわらず、子育ての大半は母親が担い、悩みも相談できず、孤軍奮闘し疲弊している状況があります。以前にもまして、保護者支援が不可欠な時代となりました。

このたび、『育てにくい子の家族支援』（合同出版）の増刷を機に、虐待防止に関するケースに内容を変更し、子どもの観察のしかたや関わりかた、そして保護者支援のヒントを、チェックリストやゲームを交えてわかりやすく紹介し改訂しました。園や学童保育、小学校や子育て支援センターなどの先生や保健師、カウンセラーなどの子育て支援に関わるキーパーソンに活用していただきたいと思います。

わたしは保護者対象の「ペアレントサポートプログラム」という子育てストレス軽減を目標とした講座でこの本で紹介したマズローやセルフエスティーム、「子どもの言動を見直す4つの視点」や「親自身のストレスマネジメントの大切さ」などについてもお話ししています。参加者から、「親のセルフエスティームも高めていくことが、子どもにとってもプラスになることを知りました」「子どもにやりたいことを任せると、子どもが『できた！』と実感できるようになりました」「子どもの特性は、それぞれ違うことを知りました。他の子と比べずにいまの姿を理解し、できなくても『がんばっている』ことを認めて、少しずつでも達成感が味わえるようにサポートしていきたいと思います」などの感想をいただき、わたし自身もとてもうれしく思います。

みなさまも「親子の幸せのために、親のストレスを軽減する」という視点で、この本を個人相談などでご活用いただければと思います。「個性を大切に」「多様性の時代」という概念が子どもの支援現場でやっと広がってきましたが、保護者にも多様性があります。その多様性を理解して支援することで親が幸せになり、子どもも幸せになる。それが支援者のみなさまの達成感を高めることでしょう。

最新研究では、慢性的なストレスを抱えるとホルモン分泌の異常や脳の萎縮、ＤＮＡの働きの阻害が起きることがわかってきました。妊娠・子育て期に、家庭に適切な支援を行えば、小児期逆境体験（ＡＣＥ）の悪影響（１４６ページのＡＣＥリストの10項目が３以上の人は、自身が子どもを虐待するおそれも2倍ほどになり、逆境が世代間で連鎖しやすいなど）は確実に減らすことができます。

日本では家族支援の際に、まだＡＣＥという視点が知られていません。本書を通じて日本の社会に子どもの心を守れる安心安全な場が増え、虐待の連鎖を減らす一助になることを期待しています。

わたしの実践と学びの中から得たエッセンスをまとめた思い入れのある原著を、合同出版の編集部の齊藤暁子さんが最新のニーズに合わせた素晴らしい企画力とセンスでよりパワーアップさせてくださり、みなさまのお手元に届きました。最後に、この場をお借りして心から関係者のみなさまに感謝いたします。

２０２４年　1月　高山恵子

★参考文献

『親子のストレスを減らす15のヒント―保育・教育・福祉現場の保護者支援に』監修・執筆／高山恵子（学研プラス、２０１２）

『読んで学べるＡＤＨＤのペアレントトレーニング―むずかしい子にやさしい子育て』著／シンシア・ウィッタム　訳／上林靖子、中田洋二郎、藤井和子、井潤知美、北道子（明石書店、２００２）

『ママも子どもも悪くない！　しからずにすむ子育てのヒント　新装版』著／高山恵子（Ｇａｋｋｅｎ、２０２３）

『女性のうつ病』著／野田順子（主婦の友社、２０１８）

『「うつ」に陥っているあなたへ』監修／野村総一郎（講談社、２００２）

『パーソナリティ障害（人格障害）のことがよくわかる本』監修／市橋秀夫（講談社、２００６）

『やる気スイッチをＯＮ！　実行機能をアップする37のワーク』著／高山恵子（合同出版、２０１９）

『自己理解力をアップ！　自分のよさを引き出す33のワーク』著／高山恵子（合同出版、２０２０）

「精神疾患の有病率等に関する大規模疫学調査研究：世界精神保健日本調査セカンド」主任研究者／川上憲人（２０１６）

■著者紹介

高山恵子（たかやま・けいこ）

NPO 法人えじそんくらぶ代表、昭和大学薬学部兼任講師、玉川大学大学院教育学部非常勤講師、特別支援教育士スーパーヴァイザー。臨床心理士、薬剤師。
昭和大学薬学部卒業後、約 10 年間学習塾を経営。
1997 年アメリカ・トリニティ大学大学院教育学修士課程修了 (幼児・児童教育、特殊教育専攻)。1998 年同大学院ガイダンスカウンセリング修士課程修了。
帰国後、児童養護施設にて被虐待児の支援に携わる。
専門は ADHD 等高機能発達障害のある人のカウンセリングと教育を中心に親支援、ストレスマネジメント講座などにも力を入れている。
主な著書に、『イライラしない、怒らない ADHD の人のためのアンガーマネジメント』(講談社、2016)、『やる気スイッチを ON! 実行機能をアップする 37 のワーク』(合同出版、2019)『自己理解力をアップ！自分のよさを引き出す 33 のワーク』(合同出版、2020)、『ママも子どもも悪くない！しからずにすむ子育てのヒント　新装版』(Gakken、2023)、『保育者のためのペアレントサポートプログラム』(学研プラス、2016) などがある。

● NPO 法人えじそんくらぶ

ADHD を中心に発達障害の正しい理解の普及と、当事者と保護者、支援者の支援をめざす団体。発達の特性を障害としてクローズアップするのではなく、豊かな個性のひとつとして、長所を伸ばし、弱点を克服できるように支援しています。この分野での最新情報の収集、会報誌やメルマガの発行、セミナーの開催（オンラインセミナー含む）など、さまざまな活動を行っています。会員が集まって地域でつくるえじそんくらぶの会もあります。保護者をはじめ、保育・福祉・医療・教育・心理関係者や学生なども参加し、オンライン夜間講座などの成人支援までを含めたトピックについて情報提供しています。
また、保護者支援の講座、ストレスマネジメントの講座、指導者養成、懇親会、公開講座、電話相談（有料）等の詳細はホームページなどでお知らせしています。

【事務局住所】
〒 358-0003　埼玉県入間市豊岡 1-1-1-924
ホームページ：https：//www.e-club.jp/
E-mail：info@e-club.jp

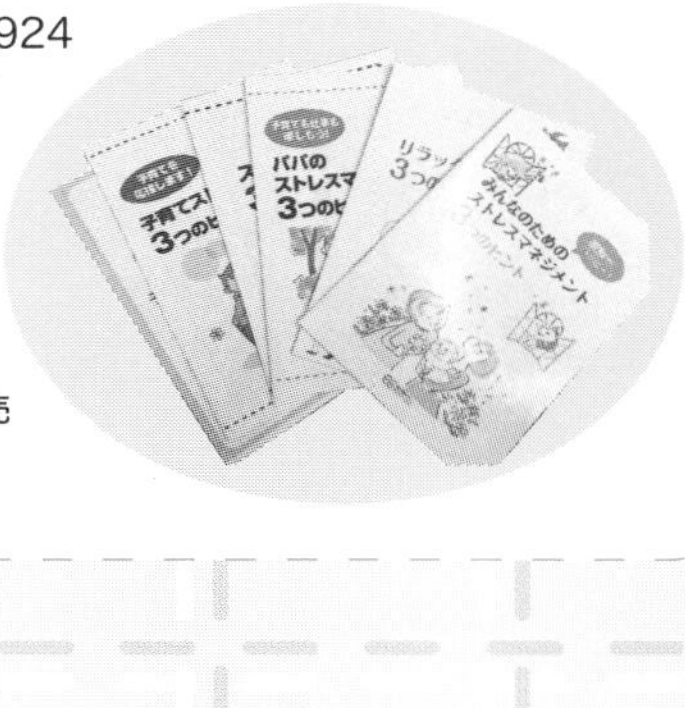

このような子育て支援リーフレットを作成しています。
一部ホームページからダウンロードできるもの、販売しているものもございます。

イラスト　望月志乃
装幀　後藤葉子（森デザイン室）
組版　酒井広美（合同出版制作室）

発達障害・愛着障害・小児期逆境体験（ACE）のある親子支援ガイド

2024年4月10日　第1刷発行

著　者　高山恵子
発行者　坂上美樹
発行所　合同出版株式会社
東京都小金井市関野町 1-6-10
郵便番号　184-0001
電話　042(401)2930
振替　00180-9-65422
ホームページ　https://www.godo-shuppan.co.jp
印刷・製本　株式会社シナノ

■刊行図書リストを無料進呈いたします。
■落丁乱丁の際はお取り換えいたします。

本書を無断で複写・転訳載することは、法律で認められている場合を除き、著作権及び出版社の権利の侵害になりますので、その場合にはあらかじめ小社宛てに許諾を求めてください。

ISBN978-4-7726-1552-5　NDC370　210 × 148
©Takayama Keiko, 2024